嘉庆叔叔教你讲故事，练口才

儿童超强表达力训练

张嘉庆◎著

中国妇女出版社

图书在版编目（CIP）数据

嘉庆叔叔教你讲故事，练口才 / 张嘉庆著. -- 北京:
中国妇女出版社, 2018.1

ISBN 978-7-5127-1532-5

Ⅰ.①嘉… Ⅱ.①张… Ⅲ.①口才学—少儿读物
Ⅳ.①H019-49

中国版本图书馆CIP数据核字（2017）第256223号

嘉庆叔叔教你讲故事，练口才

作　　者：张嘉庆　著
责任编辑：王海峰
封面设计：尚世视觉
责任印制：王卫东
出版发行：中国妇女出版社
地　　址：北京市东城区史家胡同甲24号　　邮政编码：100010
电　　话：（010）65133160（发行部）　　65133161（邮购）
网　　址：www.womenbooks.cn
法律顾问：北京天达共和律师事务所
经　　销：各地新华书店
印　　刷：北京通州皇家印刷厂
开　　本：170×235　1/16
印　　张：22.25
字　　数：300千字
版　　次：2018年1月第1版
印　　次：2018年1月第1次
书　　号：ISBN 978-7-5127-1532-5
定　　价：58.00元

自 序

每个孩子都是故事大王

当您打开这本书，看到这篇文字的时候，我相信，您一定是十分关注孩子语言表达的父母或是爱学生的老师。

写这本书，还要从若干年前的一件小事说起。当时，我的身份还只是一名相声演员，还没有从事儿童语言的教学工作。有一位朋友找到我，她是一个8岁男孩的妈妈，在知道我的专长后，她希望我能帮助她的孩子改善一下语言表达能力。

这位妈妈告诉我，她的儿子上小学三年级了，一切都好，就是说话的时候语速很快。听了她的介绍后，我有些愕然，语速快也算毛病吗？但当我见了这个孩子之后，我明白了，这个孩子的语速快到了连他自己有时都不知道自己在说什么的地步，以至于上课回答问题、和同学交流都有了障碍，严重影响了他的学习成绩和心理成长。

看着这个妈妈殷切的目光，我决定试试看。

在和这个孩子进行简短的沟通和交流后，我知道了，其实他刚上学的时候语速是很正常的，但是有几次在课堂上回答问题回答错了，受到了老师的批评，自己就想找个办法来避免老师经常提问自己。从那以后，他在回答问题时，就把话说得极快，谁也听不清。时间长了，老师对他的提问也就越来越少。他认为自己的方法取得了效果，“自己占了便宜”，导致说话越来越快。

我摸索着教了他一段时间。终于有一天，我让他在妈妈的面前，讲了一个大约只有10句话的小故事。我看到故事还没讲完，他妈妈眼里就已经有泪花了。最后，他妈妈抱着他，眼泪夺眶而出。

这件事给我的触动很大，因为我当时还没有小孩，我没有想到孩子说话这件事，能对家长产生这么大的影响，让家长为之担心、为之苦恼、为之欣喜、为之流泪。

后来，我开始对儿童语言表达这件事逐渐关注，深入研究。我发现几乎没有父母对孩子的语言表达这件事是完全不在意的。因为，语言是一个普通人与外界交往，进行信息交流和传递信息最常用的渠道和方式。可以说，一个人的个人成长、家庭生活、工作社交，甚至一生所能达到的成就，都与语言表达有着密不可分的关系。

一个孩子从1岁开始牙牙学语起，到6岁左右，是他一生中语言发育最重要的阶段。在这个阶段，他会经过语言的生理机能——唇齿舌喉牙的发育，同时在语言表达能力上会达到几个阶段的进步——从单字到单词，再从简单句到复杂句。

理论上讲，一个孩子在5岁之后，已经具备了能够完整、准确地表达自我的所有客观要素。同时，每一个孩子都拥有无限的表现力和想象力，他们都有非常强烈的表达欲望。他们都应该可以自由地、精彩地通过语言表达自我、展示自我。

但现实，往往事与愿违。

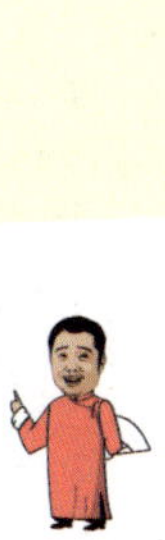

六成以上的孩子，在5岁以后，甚至更大的年龄段，在语言表达上仍然存在很多令人担忧的问题。

比如：说话特别慢或者特别快；表达不清，吞吞吐吐；在家里说话清楚流畅，可是一到了外面或者正式场合，就畏缩不前，一句话也不敢讲。其实，这些现象在排除了孩子的生理机能方面的问题后，往往是自信心建立不够所导致的结果。

另外，除了以上一些家长的担忧外，我发现，还有一些孩子情况有所不同，他们确实是拥有非常过人的语言天赋，善于表达，乐于交流，日常说话时就言之有物，往往能语惊四座。然而，家长却不知道应该如何引导孩子朝更好的方向发展。

为什么孩子在语言表达上会出现这样那样的状况？有人说："孩子的教育问题，原因还要在家长身上找。"这种说法看似有道理，但我发现，它忽略了一个巨大的现实，对广大家长的评价有失公允。

首先，虽然所有家长都会关注儿童的语言教育，但市场上却鲜有此类书籍。家长们想学，都找不到地方学。

其次，当我众里寻他千百度地找到一些相关书籍后，发现几乎无一例外的，这些书籍都是直接从一些播音、演讲类的教材中，稍作简化后全盘复制过来的。这样的教材或许理论足够权威和系统，却忽略了一个问题——过于专业和复杂的内容，孩子们无法很好地理解和吸收。

既然没有现成的可用，那就只好我自己来。

我将自己多年在语言工作中掌握的语言训练方法和技巧融入一个个成语故事及语言训练游戏中，从而有了这本书。我一直在想办法把最实用的语言技巧，用最简单的语言形式表达出来；把原本琐碎的语言表达方法系统化，并用游戏或故事的方式逐一呈现出来。

我觉得既然是给孩子用的，就一定得让孩子和家长都认可。我用了两年的时间编写这本书，又用了一年半的时间在课程中使用书中所用的方法。我一边在孩子中间进行教学实践，一边回过头来改内容。

几年下来，参加过我的语言课程的孩子已经有上万人次，我也曾对100多个家庭进行过为期半年到一年的课程实践及跟踪。

现在，我将这本书完整地呈现给您和您的孩子，希望更多的孩子能借由

其获得更多的自信、更加优秀的口头表达能力。

下面，谈几点撰写本书时的思路，以便大家更好地使用这本书。

1.关于故事

由于这是一本训练小朋友语言表达能力的书，为了凸显本书的功能性，并没有用过多的篇幅就成语故事的释义、出处、背景等内容进行展开。因为本书所选用的成语故事均是经典中的经典，大家都耳熟能详，相关的释义类书籍已经汗牛充栋，这里也就不做更多的重复工作了。

2.情节调整

本书每一个单元、每一个故事都承载着相应的语言技巧训练的任务。为了更加突出这一点，我在编写故事时，均有侧重性地将故事的某些细节，在保持故事原始风貌和史实不变，并且不会让孩子产生误解的前提下，进行了一定程度的延展或者调整。这点请家长朋友们尤其注意。

3.亲子互动

本书针对的是3～12岁的儿童。要想取得更加立竿见影的效果，我建议最好的做法是家长和孩子一起学习。这样不仅是对孩子的督促，也会促进亲子关系的和谐发展。另外，这本书中所提及的语言技巧并不是只针对孩子的，成人在日常的工作生活中，也能用得上。

我的微信公众号“**嘉庆说故事**”中，有我个人关于书中所有成语故事的演播音频和视频。大家结合本书的学习，观看视频，可以有更好的效果。

最后祝所有小朋友都能够在这本书里找到语言表达的乐趣，找到语言交流的自信！愿每个小朋友都成为名副其实的故事大王！

2017.8.18

目 录

第一章　语音的秘密

第二章　人物的语言

第三章　气氛的营造

第四章　故事的结构

第五章　融会与贯通

第一章

语音的秘密

同样一个故事，有的人讲起来，特别能够吸引人的注意，别人不管多困多饿，一听他讲故事就什么都忘了，非得缠着他讲完不行；而有的人讲故事还没讲几句，别人就觉得没意思，听不下去了，甚至让人想睡觉。小朋友，你知道这是为什么吗？

这里面的秘密很多很多，嘉庆叔叔将会一点一点地把这些秘密传授给你，让你也成为一个人人喜欢的故事大王。

本章内容，嘉庆叔叔要传授给你的就是：语音的小秘密。

小朋友，你知道吗？每一个字都有自己的读音、形状和意思。语音在文字诞生之前就有了，可以说是先有了语音，才有了人类文明。

在日常生活中，因为说话的环境和场景不同，同一个字的发音可能很大或者很小，可能很长或者很短，也可能很快或者很慢，甚至完全不同。也正是因为这些变化，使得同一个字在不同情况下有着不同的寓意。

比如，一个简单的“好”字。

声音平和的时候，可能就是一句普通的回答：“好。”

如果你声音很大，则可能是一个很久没见的好朋友，突然打电话问候你，你抑制不住心里的高兴，大声地回答他：“好！”

如果你说的声音很轻，则可能是你在图书馆看书时，你的同学想和你换书看，你轻声回答他：“好。”

如果你发的声音很长，则可能是你在火车站遇到了很久没见的好朋友，你想和他打招呼，而此时正有一辆火车呼啸而过，他冲你拉长声音问候：“你……好……吗……”于是，你也拉长了声音回道：“好……”

…… ……

总之，每一个字都像一个精灵，因为发出的声音不同，而使语言有了非常奇妙的变化！这就是每一个字都拥有的属于自己的小秘密之一。

如果我们在讲故事的时候，能够发现每个字的语音小秘密，并且能够熟悉它们，甚至熟练使用它们，那我们讲起故事来，就会很自然地有高低起伏，自然就能引人入胜。这是成为故事大王的第一个秘诀！

下面，嘉庆叔叔将用讲故事的方法，告诉你一个又一个语音的小秘密。

好了，下面就让我们开始吧。

语音的第一个秘密：音调

故事1

五十步笑百步

在春秋战国时期，各诸侯国之间，长年累月地打仗，战火不断。

有一次，一个小国的军队打了败仗，全军撤退。突然间，队伍中有一个士兵哈哈大笑起来。身旁的士兵非常奇怪，就问他：“咱们现在都打败仗了，所有人都在拼命逃跑，你为什么要哈哈大笑啊？”

那个大笑的士兵，一边笑一边说：“你看我前面的那个士兵，多么胆小怕死啊。我只跑了五十几步，可是他都已经跑了一百多步了。”

旁边的士兵说：“你和他都是在逃跑，你不见得比那个人勇敢，你只是跑得慢而已。而且，你早晚也会跑到一百步。既然都是逃跑，五十步和一百步又有什么分别呢？”

这个士兵听了之后，便合起了嘴，不再笑了。

一起玩游戏

闻花香

小朋友，发挥一下你的想象力，想象自己来到一个美丽的大花园，花园中有你之前从未见过的最美最香的鲜花。你被鲜花包围着，你用力地吸气，想要把所有鲜花的芳香都吸进自己的身体里。

你在想象的同时，紧闭嘴巴，只用鼻子吸气，把气深深地吸下去，直到获得小腹及腰围的胀满感，要吸得深入、自然、柔和。

当无法再吸的时候，轻轻地以缓慢的速度将气吐出去。

如此循环！小朋友，看一看你每一次能坚持多长时间。

练练嘴皮子

狗与猴

树上卧只猴，
树下蹲条狗。
猴跳下来撞了狗，
狗翻起来咬住猴，
不知是猴咬狗，
还是狗咬猴。

多想一点点

小朋友，你知道吗？每一个字都有自己的读音，每个读音都有自己的音调。你能试着感受一下《五十步笑百步》这个故事里每个字的音调吗？

小朋友，你知道吗？每个字的音调可重要了，如果音调不准，有时候是会闹笑话的！

比如“kan shu”这两个字音。若是“kan”三声，“shu”四声，就是

“砍树”；若是“kan”四声，“shu”一声，就是“看书”。阿凡提扛着斧子上山一定是要去“砍树”，小华在图书馆里一定是在“看书”。如果把音调搞混了，就变成了，小华在图书馆里“砍树”，阿凡提扛着斧子上山“看书”。

还有“bao da”这两个字音。如果“bao”读四声，“da”读二声，就是“报答”。比如，沉香对霹雳大仙说：“大仙，您教会了我这么多本领，我长大以后一定要报答您。”可是如果把“da”读成了三声就变成了“暴打”，那意思可就全变了。

下面，嘉庆叔叔来告诉你语音的第一个秘密：音调。

汉语普通话的发音音调有四个，分别是一声、二声、三声和四声。

小朋友，你能说出几个分别读一声、二声、三声和四声的字吗？

点亮想象力

语气词通常都有好几个发音，我们下面做个游戏：

两个小朋友为一组，其中一个向另一个大声说“啊”这个字，分别用一声、二声、三声和四声说出来。

小朋友可以多练几遍，感受一下每个音调有什么特点，是不是可以表达出不同的意思来。

然后，可以再试试“哎”这个字，分别用一声、二声、三声和四声说出来，看看又有什么不同。

语言小星星

把汉语声调分成四声是现代汉语的分法。咱们的老祖宗把汉语的声调分成“平上去入”四个，其中“平”又分为阴平和阳平。现代汉语拼音里的一声就是阴平，二声是阳平，三声是上声，四声是去声。古时候的入声，现在的普通话里已经没有了。

听嘉庆叔叔讲故事

小朋友，我们通过《五十步笑百步》这个故事，了解了语音的第一个小秘密——音调。

下面，请你听听嘉庆叔叔是如何讲《五十步笑百步》这个故事的。

听了嘉庆叔叔讲的《五十步笑百步》，你觉得这个故事应该怎么讲？如果是你来讲这个故事，你会怎么讲？

扫二维码
听嘉庆叔叔讲故事

语音的第二个秘密：音量

故事2

揠苗助长

春秋战国时期，有个宋国人以种田为生。有一次，他觉得自己稻田里的稻秧长得太慢，一天天地过去了，也不见长高。

这一天，邻居从田边路过，看见这个宋人把自家稻田的秧苗一点点往外拔，就问他：“喂，你在干什么？”

宋人回答说：“我在帮这些秧苗快点儿长高啊！”

邻居接着说：“你这样做，秧苗会死掉的。”

宋人没有听邻居的话，自言自语道：“哼，我是在帮秧苗长得快些，秧苗怎么会死掉呢？”说着继续拔秧苗。

结果，几天后，宋人田里的稻秧全都枯黄死掉了。

这就是揠苗助长的故事。揠苗助长也作拔苗助长。

一起玩游戏

吹蜡烛

小朋友，发挥你的想象力，想象自己是一个大力士，眼前摆了100多根点燃的蜡烛，要一口气把所有蜡烛吹灭。

首先，张开口使劲儿用嘴吸气，当吸到无法再吸时——直到感觉自己的小肚子鼓鼓的、有鼓胀感，然后用力将肚子里的气全部呼出去。

做这个游戏时，小朋友可以找爸爸妈妈或者其他小伙伴来帮忙。你呼气时另一个人在一旁读秒，每读一秒钟就相当于吹灭了一根蜡烛，比比看谁“吹灭”的“蜡烛”多。

练练嘴皮子

河里有只船

河里有只船，

船上挂白帆，

风吹帆张船向前，

无风帆落停下船。

多想一点点

小朋友，在《揠苗助长》这个故事里，你是否发现宋国人和邻居的对话与平常的对话相比有些特别？你能说出有什么特别之处吗？

现在，嘉庆叔叔就给你讲讲语音的第二个小秘密——音量。

音量指的是声音的大小或者强弱，也叫音的响度或者音强。

我们在讲故事的时候，经常需要控制声音的大小。那么，你知道讲故事讲到什么时候声音应该大一些，什么时候声音应该小一些吗？

猜猜看，下面5种情况，哪些时候声音需要大一些，哪些时候声音需要小一些？

1.张果老在村口找自己的小毛驴，突然他看到远处有毛驴的身影：“小毛驴，快回来！”——**《八仙过海》**

2.哪吒愤怒地对东海龙王说：“老龙王，这回你跑不了了！”——**《哪吒闹海》**

3.壮汉对卖杏的人说：“唉，卖杏的，你这杏是酸的还是甜的？”——**《愚人卖杏》**

4.深夜，小沉香拉着爸爸的衣袖说：“爸爸，妈妈去哪儿了，我想她。”——**《沉香救母》**

5.孙悟空对猪八戒说：“呆子，别叫唤，这人参果可是我偷来的，别让别人知道。”——**《西游记》**

一般来讲，**声音应该大一些的场景：**

- 朝远处说话时
- 和很多人说话时
- 说光明正大的事情时
- 生气暴躁时
- 白天交谈时
- 环境嘈杂时
- 勇士说话时

一般来讲，**声音应该小一些的场景：**

- 和很近的人说话时
- 和一个人说话或自言自语时
- 说秘密的事情时
- 夜晚说话时
- 环境安静时
- 小女孩或上年纪的人说话时

下面，请你再来看看，下面这些人，哪些人说话的声音应该大一些，哪些人应该小一些？为什么？

1.地上的后羿对月亮上的嫦娥说：“嫦娥，你快回来吧！”

2.饭馆里的人特别多，找不到位子，鲁智深突然对店小二说：“小二，那里不是有个空位吗？”

3.猪八戒自言自语地说：“先把大师兄这块西瓜吃了，也没关系吧。”

4.小蝌蚪们冲着老鲶鱼喊道：“妈妈，妈妈，你是我们的妈妈吗？”

5.孙悟空轻轻拿出一颗人参果，悄悄地对猪八戒说：“这就是传说中的人参果。”

小朋友，你还能说出哪些时候说话声音应该大一些，哪些时候说话声音应该小一些吗？

点亮想象力

小朋友，请试着用不同的音量说出“你在干什么？”这句话，让你的爸爸妈妈或者好朋友听听，看有什么不同。

比如，可以读三次：

第一次用你平时说话的声音讲完这句话；

第二次尝试用尽量小的声音来讲；

第三次尽可能把音量放到最大。

可以多练习几遍，仔细体会。

根据每一次说这句话时的音量的不同，想一想什么人在什么情况下会这么说。

听嘉庆叔叔讲故事

小朋友，我们通过《揠苗助长》这个故事，了解了语音的第二个小秘密——音量。

下面，请你听听嘉庆叔叔是如何讲《揠苗助长》这个故事的。

想想如果是你来讲这个故事，你会怎么讲呢？

扫二维码
听嘉庆叔叔讲故事

语音的第三个秘密：音长

故事3

自相矛盾

古时候，有一个人在集市上卖兵器。

只见他手拿一支长矛，吆喝道：“快来看哪——来看我的矛啊——我的矛天下无敌，什么盾都刺得破！”

这个人喊了一会儿，见没有人理睬他，就放下长矛，拿起了一面盾牌，吆喝道："快来看哪——看我的盾啊——我的盾牌举世无双，多么锋利的矛都刺不穿！"

他正吆喝时，旁边有一个人打断了他，问道："卖兵器的，你说你的矛天下无敌，什么盾都刺得破，是吗？"

卖兵器的回答："没错！"

"你的盾牌什么矛都刺不穿，是吗？"

"那是当然。"卖兵器的更加骄傲地回答道。

旁边那个人笑了笑，接着问道："那如果用你的矛来刺你的盾，结果会怎么样呢？"

卖兵器的听到这个问题，竟哑口无言，说不出话来。周围的人看到他的窘态全都笑了。

一起玩游戏

嗡鸣音

小朋友，发挥你的想象力，想象自己是一只小蜜蜂，在花丛中采蜜，紧闭着嘴巴，不停地发出嗡鸣声。你可以根据自己的实际情况来设定每次嗡鸣持续的时间。

练练嘴皮子

颠倒歌

咬牛奶，喝面包，
夹着火车上皮包。
东西街，南北走，
出门看见人咬狗。
拿起狗来打砖头，
又怕砖头咬我手。

语言小星星

小朋友，在《自相矛盾》这个故事里，那个卖兵器的人在吆喝的时候，语言上有一个特点，你发现了吗？

现在嘉庆叔叔就给你讲一讲语音的第三个秘密——音长。

音长就是指每个字的读音的长短，其实也就是说话的快慢。一般来说，播音的语速是每分钟240～300个字，也就是每秒钟4～5个字，但我们平时说话可能比这要快。

同样一句话，在不同的情况下，字音的长短不同可以表达不同的感情。一般来说，如果读一个字的长度达到两秒钟，就肯定算是读得很长、很慢了。

所有字词的音长结合在一起，也就形成了说话的速度，即语速。

通常音的长短作为一种说话的小技巧，会和音量的大小结合在一起使用。这样就可以诞生新的说话技巧。

1.声音很长同时又很大。在嘈杂的场合，为了让对方听得清楚，不仅可以把声音放大，还可以把声音拉长。比如，想象一下，你在火车站站台上，发现前面有一个你很久没见的好朋友，你想叫住他，可这个时候火车正在行进，声音很大，为了让朋友听到你的声音，你会怎么叫他呢？

2.声音很长却很小。在人生病的时候，身体虚弱，声音会很小，但是为了让别人听清楚要努力地说话，于是声音就会拉长。比如，病重的国王躺在床上，告诉身边的仆人："快……去……请……扁……鹊……大……夫……"——《病入膏肓》

3.声音很短但很大。小和尚正在打坐，突然被眼前闪过的东西吓了一跳："哎呀我的妈呀！"仔细一看，原来是一只小老鼠。——《三个和尚》

4.声音很短，同时也很小。小兵张嘎拿着一把木头削成的小手枪顶着胖翻译的后腰眼，说：“别动！”——《小兵张嘎》

请小朋友们点亮想象力，想象自己就是这些故事里的人物，用新学到的声音技巧来表现一下这些故事。

点亮想象力

小朋友，你可以试着用不同的音长说出“你干什么去？”这句话，让你的爸爸妈妈或者好朋友听听，看有什么不同。

比如，你可以读三次：

第一次尽量在一秒钟内讲完这句话；

第二次尝试慢一点儿，用两到三秒的时间讲完；

第三次尽可能把速度放到最慢，至少一个字念两秒钟。

可以多练习几遍，仔细体会。

根据说这句话的不同语速，想象一下究竟是什么人在什么情况下会这么说话。

听嘉庆叔叔讲故事

我们通过《自相矛盾》这个故事，了解了语音的第三个小秘密——音长。

下面，请你听听嘉庆叔叔是如何讲《自相矛盾》这个故事的。

如果是你来讲这个故事，你会怎么讲？

扫二维码
听嘉庆叔叔讲故事

语音的第四个秘密：音的轻重之重音（一）

故事4

按图索骥

古时候，有一个叫伯乐的相马高手，他能够在马群中，一眼识别出哪匹马是好马，哪匹马是普通的马。为了能够把自己相马的本事传下去，他写了一本关于如何相马的书。

伯乐有个儿子，从没见过马，只是经常拿着父亲写的书看来看去。一天，伯乐的儿子高兴地从外面跑进家门，看见伯乐就喊：“爸爸，爸爸，我找到千里马了！”

伯乐一听很是意外，急忙问：“你找到的千里马什么样啊？”

儿子说：“就和您书里写的一模一样，头很长，眼睛很大，有又长又光滑的后背，而且后腿特别长而有力。”

伯乐一听，儿子说的和书上讲的都对得上，就赶紧随着儿子到外面去看千里马，可到了门外，根本没有什么千里马。伯乐问：“千里马在哪里呢？”“就在那儿啊！”儿子说着朝不远处一指。

伯乐一看，哪里是什么千里马，而是一只青蛙。伯乐笑着对儿子说：“儿子，这匹千里马的确和书上说的一模一样，但是如果你骑上去，可千万要当心，它稍微一跳就可能把你从它背上摔下来啊！”

一起玩游戏

咬苹果

小朋友，想象一下你的眼前有一个特别大特别甜的苹果，你尽量张大嘴巴，一口咬下去，连续做10次。记住：千万别咬到舌头和嘴唇啊！

嚼肉肉

想象自己吃到了一块肉，非常香，可是又特别不好嚼，于是你就在嘴里用力地嚼啊嚼……连嚼10下为一组，休息一下再做下一组，一次做三组。

练练嘴皮子

虎兔鹿猪鼠

山上一只虎，

草里一只兔，

树下一只鹿，

路上一头猪，

洞中一只鼠，

虎、兔、鹿、猪、鼠，

大家别说错。

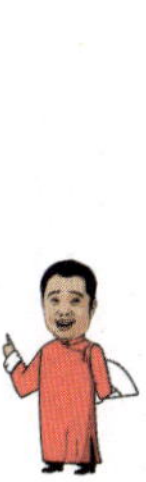

语言小星星

小朋友，读了《按图索骥》这个故事，你有没有发现，伯乐和他儿子的对话中，有一些字和词的读音比其他的字要重一些。你能找出是哪些字吗？

现在，嘉庆叔叔来给你讲讲语音的第四个秘密——音的轻重之重音。

人们在说话的时候，因为要表达的意思千变万化，说话的习惯也是千人千面，所以每一个字的轻重是不同的。掌握了轻重音的规律和技巧就能够特别生动地讲好故事，而如果分不清轻重音就特别容易闹笑话。比如，“地道”这个词里的“道”，读成重音和轻音所表达的意思就完全不一样。

举个例子，猪八戒尝了一口高员外家的菜肴，夸赞道：“您家的菜做得真好，味儿真地道！”这里的“道”就要读成轻音（dì 四声，dao轻音），是说菜做得味道香、口味好！如果要读成重音，就变成了“地道”（dì dào），那就闹笑话了。

下面了解一下重音。

人们在说话的时候，一般有两种情况会用到重音，一是说话的习惯，二是要强调某个字或词。一般来讲，在一句话、一个短语或一个词里都会有要强调的重点，所以自然就会有重音。下面就从词语开始寻找其中的重音。几乎每个词语中都有应重读的字。

两字词的重音有时在前面，有时在后面。

重音在前的词，例如：窗户、明白、石头、体会、技能等。

重音在后的词，例如：集体、国家、钱包、恐龙、点燃等。

需要注意的是，两字词因为只有两个字，轻重并不是特别明显，所以不要过分强调重音，重点在于体会两个字轻重之间的微小变化，以提高语言的感觉。

三个字的词，一般来说，第一个字都是不轻不重，重音有时会在中间那个字，有时会在最后那个字。

重音在中间的词，例如：圆白菜、死对头、小家伙、大个子等。

重音在最后的词，例如：出版社、运动会、洗衣机、俱乐部等。

听嘉庆叔叔讲故事

小朋友，我们通过《按图索骥》这个故事，了解了语音的第四个小秘密——音的轻重之重音。

下面，请你听听嘉庆叔叔是如何讲《按图索骥》这个故事的吧。

如果是你来讲这个故事，你会怎么讲？

扫二维码
听嘉庆叔叔讲故事

语音的第四个秘密：音的轻重之重音（二）

故事5

掩耳盗铃

从前，有一个小偷，他看到一户人家门前的铃铛非常好看，想要偷来。

于是，他趁夜里周围没人，就去偷人家的铃铛。可是他刚一伸手，那铃铛就叮当叮当地响了起来，惊动了看门人。小偷马上就跑开了。

这个小偷后来想了想，如果把耳朵捂上，不就听不到铃铛的响声了吗?

于是，他看到大门口又安静下来后，便悄悄地走近，用左手捂着左耳朵，扬起右胳膊，掩住右耳朵，再用右手去摘那铃铛。

果真，他没有听到铃铛的响声。可令小偷没想到的是，铃铛还没有摘下来，里面的看门人又都出来了，并把他抓起来送到了官府。

小偷不明白，为什么自己明明没听到铃铛响，里面的人却出来抓住了他。

小朋友，你知道这是怎么回事吗?

一起玩游戏

打哈欠

发挥你的想象力，想象自己特别特别困，想睡觉，不停地打哈欠；再想象自己不停地伸懒腰，张大了嘴，张嘴的同时大声喊出“啊……”连着喊5～10次。

练练嘴皮子

四和十

四和十，十和四，
十四和四十，四十和十四。
说好四和十，得靠舌头和牙齿，
谁说四十是“细席”，
他的舌头没用力；
谁说十四是“适时”，
他的舌头没伸直。
认真学，常练习，
十四、四十、四十四。

语言小星星

仔细读一读下面的词，看看哪些字应该读重音，标出来。

狐狸、电脑、大街、红色、灯泡

门口、筷子、公园、老师、学校

垃圾桶、电视机、吸尘器、电影院、大喇叭

走大路、黑板报、小朋友、白胡子、吹泡泡

试试看，能不能举出更多的重音位置不同的词呢？

再看看下面的短语中，有哪些词应该读重音，标出来。

学了三年、问个明白、桌上的书、下午六点、

拿得起来、说不出来、诗仙李白、骑车进城、

快到了、别来了、快点写、忘不掉

听嘉庆叔叔讲故事

下面，请你听听嘉庆叔叔是如何讲《掩耳盗铃》这个故事的！

如果是你来讲这个故事，你会怎么讲？

扫二维码
听嘉庆叔叔讲故事

语音的第四个秘密：音的轻重之重音（三）

故事6

刻舟求剑

从前，有一个腰间挎着宝剑的人，坐着一艘小船渡河。

当小船到达河中间时，突然一阵风吹过，河面上起了浪头，小船突然摇晃了一下，那人腰间的宝剑顺势掉到河里去了。

但这人并不着急，只见他不慌不忙地拿出一把小刀，在船舷上刻了一个记号。然后，他面带笑容地收起了小刀。

旁边的船夫不解地问他：“你的宝剑掉到了河里，为什么你要在船上刻记号呢？”

那人回答说：“我在船上刻下记号，等船靠岸后，我就能顺着记号找到我的宝剑了。”

听了这话，船夫“扑哧”一声笑了出来，说：“船一直在往前走，你把记号刻在船上，到了河对岸怎么能找回宝剑呢？”

那人却不以为然。到了河对岸，他按照自己刻在船上的记号去找宝剑，当然没找到。

一起玩游戏

气泡音

小朋友，发挥你的想象力，想象自己正在漱口，有一口水含在嘴里，尽可能长时间地“漱口”，开口闭口交替进行。每10秒钟交替一次，交替2～3次为一组。

练练嘴皮子

王婆夸瓜又夸花

王婆卖瓜又卖花，

一边卖来一边夸，

又夸花，又夸瓜，

夸瓜大，大夸花，

瓜大，花好，笑哈哈。

语言小星星

每句话都有一个完整的意思，为了让每句话的意思表达得更清楚，所以每句话都会有重音。比如“猪八戒在田里吃西瓜”这句话，如果读的时候重音在不同的位置，你会发现意思都不太一样。

猪八戒在田里吃西瓜：重音放在“猪八戒”，强调的是猪八戒正在吃西瓜，而不是孙悟空或沙和尚。

猪八戒在田里吃西瓜：重音放在“田里”，强调猪八戒是在田里吃西瓜，而不是在大路边或者寺庙里。

猪八戒在田里吃西瓜：重音放在“吃西瓜”，强调的是猪八戒在田里做的事情是吃西瓜，而不是拔萝卜，也不是吃地瓜。

小朋友，明白了吗？重音位置不同，句子所强调的内容有很大差别。

根据提示，通过加重音的方式把下面的句子分别读出来。

1.阿凡提骑着毛驴走在回家的路上。请特别强调：是阿凡提走在“回家”的路上，不是去城里的路上，也不是去大山的路上。

2.请你把桌子上的书拿过来。请特别强调：把“桌子上”的书拿过来，而不是讲台上的书，也不是书包里的书。

3.小刚家的门前有一棵枣树。请特别强调：枣树长在了“小刚家”的门前，不是小明家的门前，也不是小华家的门前。

听嘉庆叔叔讲故事

下面请你来听听嘉庆叔叔是如何讲《刻舟求剑》这个故事的。

如果是你来讲这个故事，你会怎么讲？

扫二维码
听嘉庆叔叔讲故事

语音的第四个秘密：音的轻重之重音（四）

故事7

叶公好龙

古时候，有一个人叫叶公，他有一个非常独特的爱好，就是喜欢龙。他的衣服上绣着龙，他家的房梁上、门窗上、柱子上到处都雕刻着龙。

后来，叶公喜欢龙被真龙知道了。真龙心想：有人这么喜欢我，那我可得去看看他。

于是，真龙就腾云驾雾来到了叶公家。哪知真龙降在叶公家后，叶公吓得躲到桌子下面，不敢出来。

真龙问他：“你不是特别喜欢我吗？为什么我来了，你却这么害怕，不敢见我呢？”

叶公说：“我喜欢的只是你在画上的样子。你真的来了，看到你这么凶恶，我当然害怕。”

真龙听了这番话，不高兴地回去了。

一起玩游戏

学小马打嘟噜

发挥你的想象力，把自己想象成一匹小马，吸足一口气后再尽可能快地向外吐气，同时用舌头和嘴唇发出“嘟噜噜”的声音。

练练嘴皮子

盆和瓶

桌上放个盆，

盆里有个瓶，

砰砰啪啪，

啪啪砰砰，

不知是瓶碰盆，

还是盆碰瓶。

语言小星星

小明 准备 放学后 去 小刚家 写作业。

我 的 语文 书 不见了。

珠穆朗玛峰 是世界上 最高的 山峰 。

请读一读上面这些句子，可以多读几次，每次读的时候把重音分别加在不同的词上。读完后，请发挥你的想象力，仔细体会每一次读出的句子在表达意思上有什么不同。

另外，仔细读下面的短文，并将其中画了横线的词用重音读出，请仔细体会这些字词为什么要重读。

忽然，孔雀发现湖里有一只鸟，跟它一模一样，十分漂亮。它立刻停住脚步，展开自己的尾巴。那美丽的尾巴抖动着，像一把五彩洒金的大扇子。谁知湖里的那只鸟也停住脚步，展开自己的尾巴，那美丽的尾巴也抖动着，像一把五彩洒金的大扇子。

听嘉庆叔叔讲故事

小朋友，我们通过《叶公好龙》这个故事，又学习了重音。

下面，请你来听听嘉庆叔叔是如何讲《叶公好龙》这个故事的吧。

如果是你来讲这个故事，你会怎么讲？

扫二维码
听嘉庆叔叔讲故事

语音的第四个秘密：音的轻重之重音（五）

故事8

杞人忧天

春秋战国时期，杞国有一个人整天从早到晚什么事情也不做，总是一副愁眉苦脸的样子。

有人问他："你每天都这么一副忧愁的样子，为什么呀？"

这个杞国人回答说："我担心天空有一天会掉下来，大地有一天会塌下去。"

"啊？你说什么？天会掉下来？地会塌下去？"

杞国人接着说："是啊，你看那天空没有任何东西撑着，说不定哪天就会掉下来。大地也没有什么钩子吊着，万一哪天塌下去可怎么办啊？"

问他的人笑了，说："比起天塌地陷这样的事情，我看你还是更应该关心一下自己的生活。如果你总是这么愁眉苦脸，且不劳动的话，在你担心的事情发生之前，恐怕你就要饿死啦。"

一起玩游戏

舌头广播体操

闭起嘴巴，让舌头在口腔里上下左右地画十字，上下要顶到上下牙膛，左右要顶到左右两腮。每一个八拍的顺序为上上、下下、左左、右右……连做4个八拍后改变顺序，变成下下、上上、右右、左左。

练练嘴皮子

高高山上一条藤

高高山上一条藤，
藤条头上挂铜铃。
风吹藤动铜铃动，
风停藤停铜铃停。

一起来练习

读下面的故事，你认为哪些字词应该读重音并说明为什么。

玩物丧志

春秋时期，卫国有一个国王叫作卫懿公。这个卫懿公有一个爱好，就是特别喜欢仙鹤。他对仙鹤的喜爱呀，简直到了痴迷的程度了。他开辟了一大片沼泽和池塘，饲养了许多仙鹤。他每天看着那些仙鹤飞来飞去，觉得那简直就是人世间最美的舞蹈；他听着仙鹤的鸣叫，觉得那就是世界上最动听的歌声。为了能够天天陪在仙鹤身旁，他在沼泽和池塘边盖起了成片的凉亭和回廊。

如果他是一位普通的百姓，喜欢仙鹤也没有什么，可他是一位国王啊。这情况可就大不一样了。

卫懿公每天派许多奴仆专门来伺候和喂养这些仙鹤。如果他发现仙鹤有一点儿状况，马上就会对那些奴仆大发雷霆。

一次，他看到一个奴仆正在给一只仙鹤喂食时，不小心碰掉了另一只仙鹤的几根羽毛。卫懿公马上大喊一声："来人，把那个没用的人给我带过来！"

士兵把那个奴仆押过来后，卫懿公抢过士兵手里的鞭子就是一通暴打，打得那个奴仆身上满是伤痕，周围的人无不为这个人抱屈。

还有一次，卫懿公出门远游，要带着这些仙鹤。他给仙鹤们打造了豪华的车子。这些车子打造的精细程度让所有人看了都感到太过奢侈，简直要比很多大臣和将军的车子还要高级。

光是这些还不算，卫懿公每天痴迷于和仙鹤们在一起，根本不理朝政，不管军队，搞得大家心中都十分不满。

有一年，北方的一个部族——北狄派了大量军队来攻打卫国。北狄是一个非常彪悍的部族，他们非常善于征战。卫懿公听了这个

消息一下就慌了，急忙派人去叫将军们来抵挡北狄的进攻。可是，他等了好半天，也没有将军过来。他就问身边的仆人是怎么回事。

仆人告诉他："我们去找那些将军，他们都说……都说……"

"哎呀，别吞吞吐吐的，快说到底是怎么回事？"

"他们都说，您每天都在陪那些仙鹤，仙鹤吃的用的比他们都好，想必那些仙鹤一定能够带兵打仗抵抗进攻吧。"

听了这话，卫懿公气得脸都涨红了。他只好亲自带兵上阵抵抗北狄。可是，士兵们也早就知道卫懿公的事情，全都没有心思为他卖命，还没和敌人交上手，就已经四散奔逃了。

最后，卫懿公战死在了疆场上。

听嘉庆叔叔讲故事

小朋友，我们通过《杞人忧天》这个故事，又一次了解了语音的秘密——重音。

下面，请你来听听嘉庆叔叔是如何讲《杞人忧天》这个故事的。

如果是你来讲这个故事，你会怎么讲？

扫二维码
听嘉庆叔叔讲故事

语音的第五个秘密：音的轻重之轻音（一）

故事9

南辕北辙

在很久很久以前，有一个魏国人要出发去魏国南方的楚国做买卖。可是他驾着马车，带着很多路费，竟出了魏国的北门往北去了。走了大半天，他有些累了，看到路旁有一棵大树，就停下来，在树下乘凉，休息。

这时从远处走过来一个过路人，也来到大树下乘凉。过路人问魏人：“您这是要去哪里啊？”

魏人回答说：“我要去楚国。”

过路人吃惊地说：“楚国不是在南方吗？这条路是通往北方的，你怎么可能到达楚国呢？”

魏人笑了笑说：“没关系！我的驾驶技术好，马又跑得快，而且还带了特别多的盘缠，一定能到的。”

过路人摇摇头说：“就算你的驾驶技术再好，马跑得再快，盘缠再多，方向是错的，也到不了你要去的地方啊。”

魏人听了生气地说：“我喜欢往哪个方向走，就朝哪个方向走，你管不着。”

说完，魏国人又上了马车，继续朝北去了。

一起玩游戏

噘起嘴，写数字

噘起自己的嘴，试着用自己的嘴唇“写”出阿拉伯数字1 ~ 10。

练练嘴皮子

喂蝈蝈

哥哥喂蝈蝈，

蝈蝈要果果，

哥哥给果果，

蝈蝈叫哥哥。

语言小星星

现在，嘉庆叔叔马上要告诉你语音的又一个秘密——音的轻重之轻音。

在人们说话的时候，有一些字或者词会说得比较轻，音量比一般的词要小，因为太轻，所以在拼音里大多也不会被标写音调。一般来说，轻音会出现在一个词的最后一两个字上。轻音的情况特别多，可以说到处都是。下面举一些日常比较常见的例子，请小朋友仔细体会。

下面的词里，“子”读轻音：

凳子、桌子、箱子、本子、样子、栗子。

下面的词里，“头”读轻音：

念头、盼头、来头、斧头、馒头。

下面的词里，“们”读轻音：

我们、你们、他们、咱们、大人们、同学们。

下面的词里，“么”读轻音：

要么、这么、那么、怎么。

下面的词里，“巴”读轻音：

嘴巴、尾巴、眨巴。

下面的词里，“乎”读轻音：

热乎、黏乎、悬乎、腻乎、近乎。

请小朋友再举出一些读轻音的字。

听嘉庆叔叔讲故事

小朋友，在《南辕北辙》这个故事里，有几个词被画了线，分别是：买卖、休息、盘缠、喜欢。这几个词里都有一个字读起来明显比另一个字轻一些，你能找出来是哪个字吗？

下面请你听听嘉庆叔叔是怎么讲这个故事的。如果是你来讲这个故事，你会怎么讲？

扫二维码
听嘉庆叔叔讲故事

语音的第五个秘密：音的轻重之轻音（二）

故事10

狐假虎威

在一个丛林里，有很多小动物，猴子、松鼠、小鹿、野猪，还有百兽之王大老虎。

这大老虎在丛林里称王称霸，只要逮住了小动物就一口吞掉。大家都怕它。

有一天，林子里来了一只狐狸，它走累了就在树下打盹儿休息。突然它感觉自己前面有个庞然大物。它猛的一睁眼，吓了一大跳，原来是只大老虎。

大老虎张开大嘴就要吃它。

狐狸大叫：“停，你不能吃我。”

大老虎有些纳闷儿，说：“我为什么不能吃你？”

“因为我是老天爷派来的百兽之王。”

“什么？你是百兽之王？”老虎听了哈哈大笑，“你凭什么说自己是百兽之王啊？”

“嗯——”狐狸想了想说，“不信的话，你走在我的身后，看看动物们是不是怕我。”

老虎听了说：“我倒要看看。”

于是，狐狸大摇大摆地在前面走，老虎慢慢地跟在后面。

丛林里的小动物们远远地见了老虎，立刻四散逃跑。

那老虎一看，真以为狐狸是老天爷派来的百兽之王，于是就把狐狸给放了。

一起玩游戏

数枣

小朋友，发挥你的想象力，想象你的眼前有一堆枣，你用手指点着从1数到10，然后念出下面这段话，要尽量一口气念出来哦！

出东门，过大桥，大桥底下一树枣；

拿着杆子去打枣，青的多，红的少。

一个枣、两个枣、三个枣……十个枣；

十个枣、九个枣、八个枣……一个枣。

练练嘴皮子

好孩子

张家有个小英子，

王家有个小柱子。

张家的小英子，

自己穿衣洗袜子，
天天扫地擦桌子。
王家的小柱子，
捡到一只皮夹子，
还给后院大婶子。
小英子，小柱子，
他们都是好孩子。

语言小星星

在日常生活中，有很多字既能读成轻音，也可以读成普通的字音。轻重音不同，表达的意思有可能完全不同。举例来说，“生气”这个词，当“气”字读成轻音时，就是指特别活泼，有朝气。造句：这片森林里生活着好多小动物，特别有生气。意思是说这片森林不是死气沉沉的。然而，当“气”不读成轻音的时候，“生气”就是指人有些不高兴了。

还有我们前面提到的“地道”，也是这样。

请小朋友仔细体会，下面的词中哪些字能够读成轻音，而且读成轻音和不读成轻音的时候，意思有什么不同。

爬过、对头、东西、买卖、喜欢、下面、兄弟、隔断。

请小朋友想一想，还有哪些词读成轻音和不读成轻音的时候，意思是不一样的。

听嘉庆叔叔讲故事

小朋友，通过《狐假虎威》这个故事，我们进一步了解了轻音。

你知道这个故事应该如何讲吗？下面，就请你来听听嘉庆叔叔是如何讲这个故事的吧。

如果是你来讲这个故事，你会怎么讲？

扫二维码
听嘉庆叔叔讲故事

综合训练（一）

故事11

亡羊补牢

古时候，有一个牧羊人，他有一个很大的羊圈。每天早上，他都会把羊赶到草场去吃草；傍晚再把羊群赶回羊圈。

一天早上，他来到羊圈，突然发现少了一只羊。仔细检查后，他发现，羊圈的篱笆多了一个洞。羊一定是半夜从那个洞跑出去的，他想。

有邻居和他说：“你赶快把洞补上吧。”

牧羊人说：“羊已经跑了，我补洞还有什么用？”于是，他继续放羊，并没有补那个洞。

到了第二天早上，他发现又少了好几只羊，而那个洞也大了好多。

他的邻居又对他说：“赶快把洞补上吧，你走丢的羊还不太多，现在补上还不算晚。要不然，洞会越来越大，你的羊都会走丢的。”

牧羊人听了觉得有道理，于是就把篱笆上的洞补好了。

以后，他家的羊再也没有丢过了。

一起玩游戏

数葫芦

小朋友，发挥你的想象力，想象你的眼前有一大片葫芦架，你用手指点着葫芦一个一个地数，看看你一口气能数多少个。比如，你可以这样开始这

个游戏：

南园一堆葫芦，结得嘀里嘟噜，

甜葫芦，苦葫芦，红葫芦，绿葫芦，

好汉说不出二十四个葫芦。

一个葫芦、两个葫芦、三个葫芦……

练练嘴皮子

倒吊鸟

梁上两对倒吊鸟，

泥里两对鸟倒吊。

可怜梁上的两对倒吊鸟，

惦着泥里的两对鸟倒吊，

可怜泥里的两对鸟倒吊，

也惦着梁上的两对倒吊鸟。

听嘉庆叔叔讲故事

下面，请你来听听嘉庆叔叔是如何讲《亡羊补牢》这个故事的吧。

如果是你来讲这个故事，你会怎么讲？

1.注意每个字的音调，尽量要清晰。

2.在讲故事的时候，注意邻居和牧羊人的对话，试着让牧羊人的音量比邻居稍大一点儿。体会音量变化后，有什么不一样。

3.在邻居第二次提醒牧羊人的时候，尝试着把邻居说话的音长拉长一些。体会变化后，有什么不一样。

扫二维码
听嘉庆叔叔讲故事

综合训练（二）

故事12

杯弓蛇影

晋朝的时候，有一个叫乐广的人，他很喜欢交朋友，经常请很多人到家里来聚会。

一次聚会中，乐广向一个朋友敬酒。这个朋友端起酒杯看到杯子里有一条小蛇在游动，本不想喝，可是不好意思驳了乐广的面子，就一仰脖把酒喝了。

这个朋友喝下酒后越想越觉得那条小蛇在肚子里乱动，回到家后就病了。

朋友得病的消息传到了乐广的耳朵里。他来到朋友家探望，看到朋友病得很重，就问：“前几天你在我家喝酒的时候还好好的，怎么现在就病成这样了？”

于是，这个朋友就把那天在杯子里看到小蛇的事情告诉了乐广。

乐广一听想了想，突然“扑哧”一乐：“我知道你的病是怎么回事了，你来我家一趟我保证给你治好。”

朋友半信半疑，就跟着乐广来到了他家里。

乐广指着墙上的一个物件说：“你那天看到的蛇就是它。”

朋友顺着乐广手指的方向一看，原来墙上挂着一张弓，那天从杯子里看到的蛇其实就是弓在酒杯里晃动的影子。

从此以后，朋友不再觉得自己肚子里有小蛇了，身体也就渐渐地好了起来。

一起玩游戏

长音游戏

将下面的两组诗，慢慢地大声地念出来，每一个字都尽量拖长音。听一听，哪个字念得最清楚、最响亮。

第一组：风……催……暑……去……荷……花……谢……

秋……爽……云……高……燕……自……来……

第二组：俏……佳……人……扭……捏……出……房……来……

东……南……西……北……坐……

练练嘴皮子

采蘑菇

黑兔和白兔，

上山采蘑菇。

小猴和小鹿，

一齐来帮助。

猴和兔，兔和鹿，

高高兴兴采蘑菇。

听嘉庆叔叔讲故事

下面，请你来听听嘉庆叔叔是如何讲《杯弓蛇影》这个故事的。

如果是你来讲，你会怎么讲？

注意在故事里有很多字词画上了横线，仔细辨认，哪些字词该读重音，哪些该读轻音。

扫二维码
听嘉庆叔叔讲故事

第二章

人物的语言

家长朋友们，经过前面关于语音的学习，小朋友这时已经可以正式进入故事讲述技巧的学习阶段了。

讲故事，一直以来都没有被单独地作为一种艺术形式，从理论上进行研究和总结。不要说教材，就连相关的书籍都是凤毛麟角。但专业的讲故事的人却非常多，比如，过去有评书先生、评话艺人，现在有有声小说主播、电视节目主持人等。

我结合自己以及数十位评书艺人、主持人讲故事的经验，参考了一些前辈的相关书籍，进行了一些尝试性的提炼和总结，从而有了这本书。

作为一门艺术或者某一门艺术的分支而言，讲故事的技巧、技术，可谓仁者见仁，智者见智，也可以说是流派纷呈。就像同样是水墨山水，有的人着色满纸，惜白如金；有的人寥寥数笔，气势如虹，很难说谁对谁错，也根本没办法分出个高低来。

但有一点可以肯定，讲故事和其他的艺术形式一样，有其普遍存在的规律，也一定有入门打底的基本功。

本书将以往无数前辈的实践经验和基础理论进行总结、归纳，当然绝不敢说是集大成，权且算是将这些散落的技巧和理论提炼出来，旨在找到适合初学的小朋友学习和实践的内容，从而帮助小朋友尽快成为一名真正的“故事大王”。

为什么在学习了“语音的秘密”后，紧接着学习“人物的语言”呢？

这个问题说起来既复杂，也简单。咱们这里一言以蔽之，一切故事都一定是人物的故事。在一个故事里，树立人物形象最直接的要素就是其本身的语言。

人物语言的塑造和设计，虽然千人千面，各领风骚，但也是有一定规律的。下面，我将比较浅显的、容易掌握的一些技巧介绍给小朋友，当小朋友掌握了这些基础性技巧后，就可以在家长、老师的带领和自己的理解下，有目的地进行尝试了。

好了，让我们开始这一章的学习吧！

叙述者的语言特点

故事 1

出奇制胜

战国时期，战争不断。有一次，燕国大军攻打齐国的即墨城。

即墨城的守将叫田单。即墨城中的守军很少，和燕国的军队力量相差悬殊，如果要正面交锋，根本没有机会取胜。

于是田单想出了一个计策。

一天，几个即墨城中的商人偷偷从城里溜出来找到燕国的将领，献上了一大批珠宝。

商人们说，城里的粮食不多了，战士们根本没心思打仗，老百姓都想出来讨好燕国呢。

燕国的将领一听就乐了，看来根本不用攻城，再等几天，他们自己就会出来投降啦，于是下令，从第二天开始停止攻城。

与此同时，即墨城里的人们正忙得不可开交。田单命令军队找来1000头公牛，在每头牛的牛角上绑好尖刀，在每头牛的身上都披上五彩的花衣裳。

一天晚上，所有的燕国军队都已经沉沉大睡，田单突然打开城门，在每头牛的尾巴上绑上油布，再用火点着。

这1000头牛尾巴上一着火，就疯了似的朝燕国军营冲去。

睡梦中的燕国士兵，一下子都被惊醒了，一看远处冲来一群怪兽，头长尖刀，身披五彩圣衣，后面还带着一道道火光，转眼之间就四散奔逃了。

这场以少胜多的大仗，使齐国的田单将军留下了一个出奇制胜的美名。

一起玩游戏

闭口打哈欠

小朋友，你会打哈欠吗？你有试过闭着嘴打哈欠吗？我们一起试试看吧！

1.双手努力向上伸。

2.双唇紧闭。

3.用鼻子长长地呼气。

如此往复，连做三次。看看有什么感觉。

练练嘴皮子

蛙和瓜

绿青蛙，叫呱呱，

蹦到地里看西瓜。

西瓜夸蛙唱得好，

蛙夸西瓜长得大。

语言小星星

小朋友，你想过吗？

要讲好一个故事，首先要表演好的第一个人物是谁呢？那就是你自己，也就是讲故事的人，或者叫叙述者。很多人在讲故事的时候，往往都把主要精力放在了人物塑造上，却忽视了最重要的人物——自己。

叙述者的语言一般来说是一个故事中分量最重的，也是有他的性格、特点和好恶的。

叙述者在讲故事的过程中作用非常重要。他要交代故事发生的时间、地点、环境，要展示故事中所有人物的外貌和心理活动，还要讲清楚情节的发展脉络。所以，叙述者是我们第一个要注意表现的人物。

作为一个故事的叙述者，首先要保证把故事的关键要素传达给听众。这些关键要素有：故事发生的时间、地点、环境，主要人物是谁。要将这些关键要素传达清楚，最简单的办法就是把叙述的速度变慢，把音量提高，而且关键词要加重强调。

小朋友，还记得第一章“语音的秘密”里面讲的内容吗？加重强调就用到了音量、音长、重音这几个语音小秘密。现在，我们不妨练习一下：

1.在很久很久以前，有一座大山，山上有一座小庙，庙里有一个老和尚，他每天除了打坐念经，其他什么事也不做。

2.在宋朝，有一个小朋友叫作司马光，他非常机智且十分勇敢。

3.在2300多年前的战国时期，有一个国家叫杞国，那里有一个人每天都皱着眉头，一副非常忧愁的样子。

请小朋友试着找一找上面这几句话里的时间、地点、人物这些关键要素，并且试着讲给别的小朋友听。

另外，讲故事的时候，我们还要根据故事的情节，用自己的语气和感情来表达叙述者的感情。我们还要充分发挥自己的想象力，在脑子里想象自己所要讲述的故事场景。你想象得越详细，效果就越好。然后，你就可以把自己想象到的场景，传达给听众朋友了。

点亮想象力

下面是《出奇制胜》这个故事的主要情节。请小朋友展开想象，想一想这些场景里应该有些什么细节。比如，场景里都有些什么人？什么东西？什么事情？然后把你想到的，讲给其他小朋友听。

1.燕国的将领一听就乐了，看来根本不用攻城，再等几天，他们自己就会出来投降啦，于是下令从第二天开始停止攻城。

（想一想，燕国的将领都想到些什么？他在下令的时候，会有些什么动作，什么表情？）

2.这1000头牛尾巴上一着火，就疯了似的朝燕国军营冲去。睡梦中的燕国士兵，一下子就被惊醒了，一看远处有一群怪兽冲来，头长尖刀，身披五彩圣衣，后面还带着一道道火光，转眼之间就四散奔逃了。

（小朋友想一想，1000头尾巴着了火的牛，会发出什么声音，是什么样子？那些睡觉的燕国士兵是什么样子，穿着什么衣服？当他们看到牛群冲过来时又是什么样子，会干些什么？牛群看到燕国的军队会有什么表现？燕国的军队又会怎么样？）

至于叙述者的语言，其实应该是非常丰富的，主要涉及故事情节的推进、故事场景的描写、人物内心的展示，等等。在这里，只是想让小朋友学习一些初级的叙述技巧。在后面的内容里，我们还会进行详细的学习。

听嘉庆叔叔讲故事

小朋友，通过《出奇制胜》这个故事，我们了解了故事叙述者的语言特点，你掌握了吗？

下面，请你来听听嘉庆叔叔是如何讲《出奇制胜》这个故事的。

如果是你来讲这个故事，你会怎么讲？试着讲一讲吧！

扫二维码
听嘉庆叔叔讲故事

小孩子的语言特点

故事2

孔融让梨

东汉末年，孔子第二十世孙、太山都尉孔宙家里有两个儿子。其中二儿子孔融自小聪明伶俐，很小就很懂得礼节。

一次，孔宙将一大一小两个梨盛在托盘里，然后叫来了孔融哥儿俩。

孔宙对年仅4岁的孔融说："融儿，你爱吃梨吗？"

孔融看着黄澄澄的梨子，咽了咽口水说："爱吃！"

孔宙接着说："这托盘里的两个梨是给你和哥哥的，今天由你来决定，谁吃大的，谁吃小的。"

孔融看着托盘里的梨，想了想，拿起了那个大的，递给了哥哥，自己留下了那个小的。

孔宙问孔融："为什么要这么分啊？"

孔融说："因为爹爹说过，年龄小的，就该让着大的。我比哥哥小，按礼节就该让哥哥吃大的。"

孔宙听了非常高兴。

从此，孔融懂得谦让的美名很快流传开来。

一起玩游戏

学游泳

小朋友，你会游泳吗？下面跟我一起做个游泳游戏：

1.想象自己身处一个大大的游泳池里，双臂做出向前迅速划水的动作。

2.双臂由里向外划动，头跟着双臂的动作向上抬起时，想象自己浮出了水面，迅速用鼻和口使劲吸气。

3.双臂向外滑动一圈后，迅速收回，与此同时，头埋进双臂，鼻合，口紧闭，停止呼吸，开始憋气，尽量憋得时间长一些。

重复以上3个动作，连续做10组。

练练嘴皮子

吃菱角

吃菱角，剥菱壳，

菱角丢在北壁角。

不吃菱角不剥壳，

菱角不丢北壁角。

语言小星星

小朋友，有些故事里的人物和我们一样是小孩子。小孩儿说话的时候和大人可不太一样。那么，小孩子说话都有什么特点呢？主要有以下两个：

1.声音很细。

2.说话时每个字都会有一点儿拖音，尤其是每句话的最后一个字。

根据小孩子说话的特点读一读下面几句话。

1.小叮当摇了摇头，说："我也不知道啊。"

2.沉香说："爸爸，我的妈妈去哪儿了？"

3.哪吒对小伙伴说："咱们一起到海里去玩儿吧！"

多想一点点

因为人物特点的不同，不同的孩子还会有不同的语言表现方式，你能举几个例子说明一下吗？

仔细揣摩下面几个人物的语言，体会一下他们的语言都有哪些特点，应该怎么表现？

1.司马光："咱们快去找一块大石头，砸开水缸，把小朋友救出来吧。"

人物特点：机智、勇敢、果断。

语言特点：速度略快，每个字都清晰有力。

2.小白兔问妈妈："妈妈，雪孩子到哪里去了？"

人物特点：活泼、可爱、充满好奇。

语言特点：语速稍慢，充满疑问；“哪里”两个字加重。

3.猪小弟看着水里的影子，说：“这水里，怎么还有一只小猪，长得跟我一模一样啊？”

人物特点：迟钝、好奇、可爱。

语言特点：语音略长，速度放慢，声音略粗。

听嘉庆叔叔讲故事

小朋友，我们通过《孔融让梨》这个故事，了解了小孩子的语言特点。你知道这个故事应该怎么讲了吗？

下面，请你先来听听嘉庆叔叔是如何讲《孔融让梨》这个故事的吧。

如果是你来讲这个故事，你会怎么讲？

扫二维码
听嘉庆叔叔讲故事

老人的语言特点

故事3

铁杵成针

唐代有一位了不起的大诗人名叫李白。可是你知道吗，李白在少年求学的时候，读书并不是太好，甚至都打算放弃了。

那个时候，李白求学的书院在一座山上。有一次，他离开书院下山途中，看见河边有一位老奶奶，在石头上磨一根很粗的铁棍，那架势可认真了。李白走过去好奇地问：“老奶奶，您磨铁棍做什么呀？”

老奶奶说：“我要把它磨成绣花针。”

李白吃惊地说：“哎呀！即便是一般的铁棍，也难以磨成绣花针，您怎么还偏偏找了根鸭蛋粗的铁棍，就算是像我这样的年轻人，磨一辈子也未必能把这根铁棍磨成细细的绣花针啊！”

老奶奶笑呵呵地说道：“哈哈哈，你不知道，我家中现在只有这一根铁棍了。我想要一根绣花针。我也没有什么别的想法，只想把这根铁棍磨成绣花针。只要我还活着一天，就会磨一天。只要坚持下去，我相信终能把它磨成绣花针。”

李白听后很有感触，想到自己读书吃的那点儿苦其实真的不算什么；老奶奶都能做这么艰难的事情，自己怎么可以书读到一半就不读了呢，于是马上返身回到学院继续读书。

很多年后，李白终于成为了不起的大诗人，写了很多不朽诗篇。

一起玩游戏

幸福嘿嘿嘿

小朋友，你会唱《幸福拍手歌》吗？下面我们用《幸福拍手歌》的旋律，把最后的拍手，改成非常有力、富有弹性的“嘿……嘿……”

如果感到幸福，你就嘿嘿嘿，嘿……嘿……

如果感到幸福，你就嘿嘿嘿，嘿……嘿……

如果感到幸福，你就跟我一起来，

如果感到幸福，你就嘿嘿嘿，嘿……嘿……

练练嘴皮子

数星星

天上小星星，

地上小青青。

青青看星星，

星星亮晶晶。

青青数星星，

星星数不清。

语言小星星

小朋友，想一想，我们的爷爷、奶奶、外公、外婆……他们说话有什么特点呢？一般来说，老人的语言主要有这样几个特点：

1.声音比较低沉，尤其是老爷爷，声音稍微有点儿粗。

2.音量比较低，一般不会用特别大的声音来说话。

3.每个字的字音都略微长一点儿，尤其是每句话的最后一个字。

根据老人的语言特点，读一读下面这几句话：

1.土地爷对孙悟空说："这人参果，可是1万年才只能结这30个。"

2.奶奶对小红帽说："小红帽啊，我们把石头装进狼肚子里去吧。"

3.霹雳大仙对沉香说："你想学什么本领啊？"

多想一点点

各种老人因为人物特点的不同，语言特点也会有所不同。你能举几个例子来说明一下吗？

仔细揣摩下面几个人物的语言，体会一下他们都有哪些特点，应该怎么表现？

1.老龙王对哪吒说：“你这娃娃，实在是胆大包天！竟敢打死我的三太子！”

人物特点：凶恶、愤怒。

语言特点：语速较慢、低沉沙哑、音量较大。

2.太白金星对孙悟空说：“大圣啊，这天上地下有谁不知道您的大名啊！”

人物特点：讨好、奉承。

语言特点：音量稍大、语速较慢。“您的大名”加重音，句子最后的尾音拖长。

3.愚公对智叟说：“我虽然年纪大了，但我还有儿子，儿子还有儿子，子子孙孙是没有穷尽的。我们迟早能把这两座山搬走。”

人物特点：坚强、沉稳、果断。

语言特点：清晰、有力。注意用重音表现愚公的坚强。

听嘉庆叔叔讲故事

小朋友，我们通过《铁杵成针》这个故事，了解了老人的语言特点。你知道这个故事应该怎么讲吗？

下面，请你先来听听嘉庆叔叔是如何讲《铁杵成针》这个故事的吧。

如果是你来讲这个故事，你会怎么讲？

扫二维码
听嘉庆叔叔讲故事

成年男子的语言特点

故事4

四面楚歌

秦朝末年，为了争霸天下，项羽和刘邦成了敌人。经过多年的征战，项羽被刘邦的大军困于垓下。

刘邦打算派军队将项羽彻底消灭，可是他身边的谋士张良说：“这场仗打到现在，应该用最少的损失，赢得最大的胜利。”刘邦问他：“这么说，你一定是有好计策喽？”

张良点了点头，转身命令自己军队中的人学唱楚国的地方民歌，然后让所有的士兵都跟着唱起来。

项羽自己是楚国人，军中的士兵也大都来自楚国。项羽听到周围响起了阵阵楚国歌声，自言自语道：“为什么周围会有这么多人唱楚歌呢？难道说，我的军队全都被刘邦俘虏了？他们唱起楚歌，是想让我们快点投降吗？”

其实，不光项羽自己这么想，他手下的士兵也都是这么想的。士兵觉得其他楚兵都已经投降了，再没有心思继续打仗了。

最后，项羽兵败后，被迫在乌江自刎身亡。

一起玩游戏

数一数

1.用最快的速度从1数到10，要求每一个数字必须清晰，数字之间必须有

间隔，不能听上去像是囫囵吞枣。

2.慢读数字从1到10，尽可能拉长每一个数字的字音，但还是要坚持用一口气读完所有的数字。

练练嘴皮子

妞妞和牛牛

东头有个李家妞，
西头有头刘家牛，
刘家牛要吃李家豆，
李家妞赶走刘家牛。

语言小星星

小朋友，我们今天来学习成年男子的语言。你想一想，你的爸爸、叔叔、舅舅……他们说话都有什么特点呢？由于年龄、性格等原因，成年男子的语言一般来说主要有以下几个特点：

1.声音较粗，低沉。

2.语速略缓。

3.有力，音量稍大。

一、模仿成年男子的语言特点，给下面的人物配音：

1.沙和尚对唐僧说：“师父，二师兄去了这么久没回来，会不会有什么危险？”

2.毛遂对平原君说：“主公，我在您这里已经3年了，但一事无成，不是因为我无能，而是因为您一直没给我机会。”

3.宋国人对邻居说：“今天有一只兔子撞在树桩上，死了。我以后再也不干活儿了。从明天开始，我就天天在这里等兔子。”

二、仔细揣摩下面几个人物的语言，体会一下他们的语言都有哪些特点，该怎么表现？

1.猪八戒对孙悟空说：“猴哥，咱们都走了大半天了，我这肚子咕噜咕噜地直叫唤，你赶紧去化点斋饭来吧。”

人物特点：憨厚、懒惰、爱耍小聪明。

语言特点：声音较粗、低沉；可以适当多一点儿语气词以凸显人物性格，例如：“嗯——嗯——哼——哼——”

2.这个杞国人看着天空说：“天空那么大，也没有柱子支撑，万一要是哪一天掉了下来，不就把我们都砸死了吗？”

人物特点：胆小、忧愁。

语言特点：声音略低、略小，语速略慢。

3.那个卖矛的人接着说：“我这盾牌呀，是天下第一的好盾牌！不论多么锋利的矛都戳不破它！”

人物特点：大大咧咧、爱说大话。

语言特点：音量较大、声音较粗。“天下第一”“戳不破”是重音。

听嘉庆叔叔讲故事

小朋友，我们通过《四面楚歌》这个故事，了解了成年男子的语言特点。

你知道这个故事应该怎么讲吗？

下面，请你先来听听嘉庆叔叔是如何讲《四面楚歌》这个故事的吧。

如果是你来讲这个故事，还有没有别的讲法？

扫二维码
听嘉庆叔叔讲故事

成年女子的语言特点

故事5

余音绕梁

春秋战国时期，韩国有一个女子唱歌非常动听，大家都叫她韩娥。一次，韩娥去齐国拜访唱歌的高手。

这一天，韩娥的盘缠用光了，旅店老板来找她要住店的店钱。她不好意思地说："老板，实在对不住，我身上的钱已经不够了。"老板听了这话以为韩娥要赖账，告诉她，如果今天不能付店钱就别想走。旅店老板走后，韩娥在屋里越想越难过，就情不自禁地唱了起来。她的歌声悲伤、婉转，传得很远，所有听到的人无不落泪。大家顺着歌声，找到了韩娥，在了解了她的难处后，纷纷凑钱替她交了店钱。

韩娥临走之前，还有很多人前来送行，她对大家说："今天我韩娥遭此困境，全靠大家的帮助才得以脱身。大家的恩情我韩娥一辈子也不会忘。"送行的人们觉得韩娥的歌声太美了，想让她临走前再唱一次。于是，韩娥又唱了一首曲子表达对大家的感谢。

韩娥的歌声实在太优美了。有人说，在韩娥离开了好几天后，仿佛还能听见那歌声在房梁间环绕，久久不散。

一起玩游戏

重音游戏

小朋友，还记得前面学的"音的轻重"吗？

我们现在来玩一个重音游戏。

这个游戏是这样玩的，一个人给出询问指令，另一个人用加了重音的语言回答。举例：我请小刚吃饭。

问：谁 请小刚吃饭？

答：我 请小刚吃饭。

问：我请小刚 干吗 ？

答：我请小刚 吃饭 。

类似的话还有很多，比如：

小明 想喝 果汁 。

小丽 今天没带 钥匙 。

爸爸 带 我 去 公园 。

练练嘴皮子

华华和爸爸

画画的是华华，

画的是爸爸，

华华爱画爸爸爱花，

爸爸爱华华画的画。

语言小星星

小朋友，你想一想，你的妈妈、阿姨、姑妈……她们说话的时候都有什么特点呢？由于年龄、性格等原因，成年女子的语言一般来说主要有以下几个特点：

1.声音相比男子稍尖、稍细；

2.一般来说语速比男子稍快一点儿；

3.音量稍小一点。

一、模仿成年女子的语言特点，给下面的人物配音：

1.麻姑对王远说：“自从得了道成了仙以来，我已经亲眼见到东海三次变成桑田。”

2.妻子赶忙对丈夫说：“停，你这一下砸下去，不光打了老鼠，连那个古董花瓶不是也要砸碎了吗？”

3.兔妈妈说：“淘淘，你自己在家，千万要记得，木柴不要放在炉子的旁边，会着火的。”

二、仔细揣摩下面几个人物的语言，体会一下她们的语言都有哪些特点，应该怎么表现。

1.朝霞姑姑说：“沉香，这位就是你的师父——霹雳大仙！”

人物特点：果断、勇敢、坚强、善良。

语言特点： 音色较高、音量稍大、语速可以稍快一点儿。

2.孟子的母亲说：“轲儿，如果你现在不努力，只是整天贪玩的话，未来将成为一个对社会无用的人。就像织布一样，不仅会半途而废，而且会织出废品，对社会对国家都是有害的。”

人物特点： 仁慈、正直、有爱心。

语言特点： 声音较低、语速稍慢。

3.花木兰对父亲说：“父亲，就让我替您去参军吧！”

人物特点： 坚强、勇敢、坚决。

语言特点： 音量稍大、较高、语速稍快。“我”“您”两个字应处理成重音。

听嘉庆叔叔讲故事

小朋友，我们通过《余音绕梁》这个故事，了解了成年女子的语言特点。

你知道这个故事应该怎么讲吗？

下面，请你先来听听嘉庆叔叔是如何讲《余音绕梁》这个故事的吧。

如果是你来讲这个故事，还有没有别的讲法？

扫二维码
听嘉庆叔叔讲故事

善良正直的人的语言特点

故事6

不卑不亢

战国时候，齐国派晏子作为使者出访楚国。楚国仗着自己国力强盛，想要侮辱来访的使者。

楚王听说晏子身材矮小，就紧闭城门，在城门旁边开了一个五尺高的小门。晏子走到楚国的城外，声音不高不低地对守城士兵说："我出访别的国家都是走城门，只有去狗国，才需要钻狗洞。你去问问你家大王，我来的到底是什么国家？"

守城的士兵禀报了楚王，楚王赶紧下令打开了城门，让晏子进来。

在王宫里，楚王仍然想羞辱晏子，他看到晏子真的个子矮小，就说："难道齐国没有人了吗？竟然派了一个身材这么矮小的人来。"

晏子笑了笑，稳稳当当地说："我们国家要出访上等国家就派上等的人才，要出访下等国家就派下等人才。所以，我王才派我这样一个低等人来到了楚国。"楚王听了这话，气得哑口无言。

后来，晏子这种既不高傲也不自卑的态度，就被称为"不卑不亢"。

一起玩游戏

模拟孙悟空

小朋友，想象你自己是能够口吐神火的孙悟空，在云栈洞收服了猪八

戒。临走时，你口吐神火，烧了猪八戒的老窝。

这个游戏必须有个人来和你一起完成，那个人一喊：“1——2——3——烧！”你就努力吹出一口气，好像自己在吐神火，看你吐神火能吐多长时间。

练练嘴皮子

数狮子

公园有四排石狮子，

每排是十四只大石狮子，

每只大石狮子背上是一只小石狮子，

每只大石狮子脚边是四只小石狮子，

史老师领四十四个学生去数石狮子，

你说共数出多少只大石狮子和多少只小石狮子？

语言小星星

一般来讲，在故事中出现的善良正直的人，大多都是民族英雄或国家栋梁。有一句话叫作“理直气壮”，因为善良正直的人内心坦荡、讲道理、重情义，所以他们说话的共同特点是：

1.声音一般都比较洪亮；

2.说话的速度不快不慢；

3.字音非常正。

一、根据善良正直者的语言特点，给下面的人物配音：

1.祖逖过长江时说：“我如果不能收复中原，就绝不再过这条大江。”

2.蔺相如对秦王说：“请大王也像赵王一样，斋戒五日，举办盛大的仪式，我才能把和氏璧给您。”

3.毛遂对楚王说：“陛下，我现在和您相距不过十步，您的命在我手中。我没有别的请求，只是请您听我一句话。”

二、仔细揣摩下面几个人物的语言，体会一下他们都有哪些特点，应该怎么表现。

1.养由基对潘党说：“五十步以外的靶子太近了，要射就射百步以外那棵杨树上的叶子。你说怎么样啊？”

人物特点：正直、自信、挑衅、不屑。

语言特点： 音量稍大、语速稍慢。尤其最后一句反问句，尾音拉长，略带轻蔑。

2.姜太公直钩垂钓，对着河里的鱼说：“来啊，快上来啊，愿意上钩的鱼儿们快到这里来呀！”

人物特点： 正直、机智。

语言特点： 声音洪亮、速度稍慢，做呼唤状。

3.骑在老虎背上的猎人自言自语道：“从古至今，有谁骑过老虎啊？这滋味可实在不好受啊！”

人物特点： 勇敢、坚强、机智，有点害怕。

语言特点： 自言自语，所以音量稍小，语速稍快。

听嘉庆叔叔讲故事

小朋友，我们通过《不卑不亢》这个故事，了解了善良正直者的语言特点。

你知道这个故事应该怎样讲了吗？

下面，请你先来听听嘉庆叔叔是如何讲《不卑不亢》这个故事的吧。

如果是你来讲这个故事，还有没有别的讲法？

扫二维码
听嘉庆叔叔讲故事

狡猾邪恶之人的语言特点

故事7

滥竽充数

古时候，齐国的国君齐宣王爱好音乐，尤其喜欢听吹竽，他手下有300个善于吹竽的乐师。齐宣王喜欢热闹，爱摆排场，总想在人前显示做国君的威严，所以每次听乐师吹竽的时候，总是叫这300个人合奏给他听。

有个名叫南郭的先生听说了齐宣王喜欢听合奏，觉得有机可乘，于是跑到齐宣王那里，吹嘘说："大王啊，听过我吹竽的人没有不被感动的，就是鸟兽听了也会翩翩起舞，花草听了也会和着节拍摆动，我愿把我的绝技献给大王。"

齐宣王听了很高兴，很爽快地收下了他，把他也编入那支300多人的吹竽队中。

这以后，南郭先生就经常随那300人给齐宣王表演吹竽，和大家一样享受着优厚的待遇，心里极为得意。

其实南郭先生根本就不会吹竽。每逢演奏的时候，南郭先生就捧着竽混在队伍中，人家摇晃身体他也摇晃身体，人家摆头他也摆头，脸上装出一副忘我的样子，看上去比别人吹奏得更投入。南郭先生就这样混过了一天又一天。

但是好景不长，过了几年，爱听合奏的齐宣王死了，他的儿子继承了王位，是为齐湣王。齐湣王也爱听吹竽，但他喜欢听独奏。于是齐湣王发布了一道命令，要这300个人轮流来吹竽给他欣赏。

南郭先生一听这个消息急得像热锅上的蚂蚁，他想：要是让我一个人去演奏，非露馅不可，那我不成了欺骗两代君王的罪犯了，这可是要杀头的……我……我还是赶紧跑吧！

于是，他连夜收拾行李逃走了。

一起玩游戏

某某某，你好吗？

想象一下，假如1米、10米、100米、1000米、10千米之外……分别有人向你喊出：“某某某，你好吗？”你听到的这些声音分别都有什么特点，你能模拟出来吗？不妨找个小伙伴来玩一下这个游戏。

练练嘴皮子

大鱼小鱼

大渠养大鱼，
小渠养小鱼，
大渠大鱼吃小鱼，
小渠小鱼怕大鱼。
有一天，下大雨，
小渠流进大渠水，

小渠里有大鱼，

大渠里没小鱼。

语言小星星

小朋友，我们现在来学习狡猾邪恶者的语言特点。狡猾邪恶之人，大多是小偷、骗子、恶人等反面人物。有一句话叫作“做贼心虚”，因为狡猾邪恶的人心里有着不可告人的秘密，满脑子坏点子，所以他们说话的共同特点是：

1.声音一般都比较尖；

2.说话的速度稍微快一点；

3.字音略扁。

一、根据狡猾邪恶者的语言特点，给下面的角色配音：

1.狐狸对狗熊说：“狗熊大哥，快跑吧，那狼在家里磨刀哪。”

2.赵高对大臣们说：“眼前这匹不是鹿，而是一匹马，还是一匹千里马。”

3.小偷自言自语道：“我只要堵上自己的耳朵，不就听不见这铃铛响了吗？”

二、仔细揣摩下面几个人物的语言，体会一下他们的语言都有哪些特点，应该怎么表现？

1.那个偷铃铛的盗贼自言自语道：“对呀，我把耳朵捂住，不就听不到铃铛响的声音了吗？”

人物特点：邪恶、偷偷摸摸、愚蠢。

语言特点：音量稍小、声音略尖。反问句，略带自以为是的窃喜。

2.狐狸对老虎说：“老虎，你不能吃我，因为我是老天爷派来掌管天下动物的动物之王。”

人物特点：狡猾、奸诈、装模作样。

语言特点：声音发尖，同时为了表现自己的厉害，故意将音量放大，煞有介事。

听嘉庆叔叔讲故事

小朋友，我们通过《滥竽充数》这个故事，了解了狡猾邪恶者的语言特点。

你知道这个故事应该怎么讲吗？

下面，请你先来听听嘉庆叔叔是如何讲《滥竽充数》这个故事的吧。

如果是你来讲这个故事，还有没有别的讲法？

扫二维码
听嘉庆叔叔讲故事

不同性别、年龄的人之间的对话

故事8

精卫填海

在很久很久以前，炎帝有个女儿叫女娃。女娃聪明伶俐，善良勇敢。

有一天，女娃在海边玩儿，突然看到一个大孩子骑在一个小孩子身上，作威作福，甚至还用鞭子抽打那个小孩子。女娃跑过去，喊道：“哎，你这个人怎么欺负人？你看看，你身下的那个小孩子都已经哭得满脸泪水了。你赶紧下来，向他道歉！”那个大孩子完全不听，还对女娃说：“我就不下来，你能把我怎么着？”

女娃气坏了，走过去朝那个大孩子打了一拳。然后，两个人就打在了一起。那个大孩子打不过女娃，一会儿就败下阵来。他喊道：“我是龙王的太子，你等着，我早晚要报仇的。”说完，龙太子就跳进了海里。女娃看自己打跑了坏蛋，高兴极了，就和别的孩子一起玩去了。

女娃走了没多远，突然一个大浪打来，把她卷进了海里。原来是龙太子作怪。女娃就这样被淹死了。

女娃不甘心就这样死去，她的灵魂化成了一只鸟，长着花脑袋、白嘴壳和红脚爪，名字叫作精卫。

这精卫鸟每天衔着石子和泥巴往海里丢，想要把大海填平。大海嘲笑她，她却说："也许我的力量很弱小，但只要我坚持下去，哪怕是一千年一万年，迟早有一天我能将这大海填平的。"

直到今天，你仍然可以在海边看到精卫鸟，它们依然每天坚持衔着石子，填向大海。

一起玩游戏

火车汽笛

小朋友，你见过从身边飞驰而过的火车吗？

你还记得火车由远及近，又由近及远的时候，呼啸而过的声音是什么样的吗？

下面，我们就来模拟火车的汽笛声。

火车从很远很远的地方开过来了，是什么声音？

火车越来越近，开到了你的跟前，是什么声音？

火车越来越远，很快飞驰到了远方，看不见了，又是什么声音？

练练嘴皮子

上山下山

上一山，下一山，

跑了三里三米三，

登了一座大高山，

山高海拔三百三。

上了山，大声喊：

我比山高三尺三。

语言小星星

小朋友，每一个故事都是由人物的想法、语言和行为组成的。要讲好一个故事，首先要学会处理故事里的人物的语言。尤其要抓住每一个故事里面不同人物的人物特点，并根据他们的性格来设计他们的语言。

如何根据故事里的人物来设计人物的语言呢？

下面，嘉庆叔叔就来告诉你人物语言设计的三个步骤：

1.通读故事，找出故事里有几个人物说了话。

2.分析人物，分析每个人物的性别、年龄和性格。

3.设计语言，根据我们学过的每种性格的人物特点、语言特点，来进行设计。

嘉庆叔叔把这种方法称为“人物语言设计三步法”。

我们用“人物语言设计三步法”来看一看《精卫填海》里的人物语言应如何设计。

1.通读全文，看看这个故事里一共有几个人物说了话。

女娃和龙太子。后来女娃变成了精卫，在声音上，可以处理成一个人物。

2.分析每个人物的性别、年龄和性格。

女娃：小女孩，年龄不大，性格上正义感强、倔强、好打抱不平。

龙太子：小男孩，年龄应该比女娃稍大一点，喜欢欺负人、祸害人，欺软怕硬。

3.根据我们学过的每种性格人物的语言特点来进行设计。

女娃：音色较尖，充满稚气，说话字字有力，声音洪亮。

龙太子：音色比女娃稍粗一点，为了突出它邪恶的特点，音色可以处理得稍有一点儿沙哑，或者稍扁。

多想一点点

小朋友，千万别忘了，在每一个故事里，除了情节中的人物之外，还存在一个人物，那就是叙述者。叙述者的语言特点我在前面已经讲过，在这里就不过多强调了。小朋友们要记住，只有叙述者的语言表达清楚了，故事情节中的人物语言和行为才可能表达清楚。

叙述者在讲故事之前，最好先把整个故事画面在自己的脑海里过一遍，然后再通过语言传递给听众。这个过程，其实还涉及故事情节、情景乃至氛围的营造，这是一个很大的课题，在后面的内容中，嘉庆叔叔还会更详细地给小朋友讲解这方面的技巧。

在这里，小朋友清楚地把故事情节讲出来就好了。

听嘉庆叔叔讲故事

现在，请你听听嘉庆叔叔是如何讲《精卫填海》这个故事的吧。

然后，请你用自己的处理方式来给大家讲一讲《精卫填海》这个故事吧！

扫二维码
听嘉庆叔叔讲故事

不同性格的人对话的语言特点

故事9

负荆请罪

战国时期，赵国大臣蔺相如利用自己的智慧和勇气为自己的国家保全了和氏璧。赵王重重奖赏了他。谁知这奖赏却惹怒了赵国的大将军廉颇。

廉颇心中暗想：我为赵国打了一辈子仗，立下了无数军功，却没有得到赵王这么高的奖赏，他蔺相如不就是保全了一块和氏璧吗？凭什么得到的奖赏比我多啊！

于是，廉颇就处处为难蔺相如。一次，在蔺相如的车子要通过的地方，廉颇故意挡住去路不让他过。可是蔺相如却并不和廉颇计较，让车夫把车赶到一个窄巷子里回避他。

回到家里后，蔺相如的一个属下对他说："我们离开家乡来追随您，就是仰慕您的勇气和智慧。现在您连廉颇都怕成这样，我们实在不愿继续跟随您了！"

蔺相如听了这话也不着急，对属下说："你说，廉颇和秦王哪个更厉害？"

属下想了想说："当然是秦王了。"

"是啊！我连秦王都不怕，又怎么会怕廉颇呢？秦国之所以不敢攻打赵国，就是因为我们有廉颇将军和我。如果我和廉颇将军不和睦，彼此争斗，最后遭殃的一定是我们的国家。我躲着他，是为了不和他闹出矛盾啊！"

属下听了这话连连点头。

蔺相如的话传到了廉颇的耳朵里，廉颇感觉非常羞愧。他光着上身，背着荆条，来到蔺相如府门前，单腿跪地说道："我为

了自己争一口气，却不顾国家的利益，比起先生来，实在是羞愧得无地自容。现在我向先生请罪，请先生责罚！”蔺相如连忙扶起了廉颇。

从此，两个人成了很好的朋友。

一起玩游戏

喊堂威

小朋友，你看过影视剧里面古代的官老爷升堂吗？

那里面，官老爷一拍桌子，喊道：“升堂！”

所有的官差就要喊：“威——武——”这叫“喊堂威”。

今天我们就一起来“喊堂威”。

你可以和家里人一起来玩这个游戏，参与者轮流来发令“升堂”，其他人则一起喊：“威——武——”

要注意的是，“威”字和“武”字之间，需要迅速地换一口气，看看你换气的效果怎么样吧！

练练嘴皮子

布和裤

一块粗土布，
一条粗布裤。
哥哥拿布又拿裤，
飞针走线来扎布，
扎过布，再缝裤，
裤子破了用布补。

故事练习所

小朋友，前面我们通过《精卫填海》这个故事，分析了不同性别和年龄的人物之间的对话。而在《负荆请罪》这个故事里，我们来看一看不同性格的人物之间的语言和对话特点。

《负荆请罪》里面有三个人物，分别是廉颇、蔺相如及其属下。他们三个人物在性格上有什么特点呢？我们还是用“人物语言设计三步法”来分析

和设计一下吧。

1.通读全文，这个故事里一共有几个人物说了话呢？

三个——廉颇、蔺相如和蔺相如的属下。

2.分析每个人物的性格特点。

这三个人都是男性，而且都是成年人，所以在声音特点上有相近的地方，但还是要用音色加以区分。这就必须先分析他们三个人的人物特点。

廉颇：赵国的大将军，年龄较长；一身武艺，身材魁梧雄壮；为人正直，莽撞。

蔺相如：赵国的大臣，文官，比廉颇年轻；为人正直、勇敢；目光长远，顾全大局，勤于思考。

蔺相如的属下：听命于蔺相如。

3.根据每种性格的人物的语言特点来进行设计。

廉颇：音量很大，音色较粗，语速稍慢。

蔺相如：比廉颇的音量稍低，音色适中，语音沉稳、略慢。

蔺相如的属下：声音略低，音色适中，语速稍快。

语言小星星

小朋友，我们在讲故事的时候，经常遇到一些虚拟的人物，比如小动物、神仙、妖怪等。在这些故事里，没有与这些人物相关的明确的性别、年龄等描述。这就需要我们自己来想象它的特点，并且根据想象来给它设计语言。比如，

1.老虎问狐狸："你怎么证明，你是老天爷派来的百兽之王呢？"

根据老虎的特点，假设他的情况：成年男声，身材魁梧，莽撞。

声音特点：声音较粗，语速较慢。

2.小妖精对孙悟空说："你这个毛脸和尚，就是五百年前大闹天宫的齐天大圣吗？"

根据小妖精的特点，假设他的情况：男声，身材瘦小。

声音特点：声音较细，较尖，语速较快。

也就是说，如果遇到故事里面有人物需要假设情况的话，没有一定之规，你可以按照自己的想象，去设计每一个人物。只要设计得合理，让人听起来可以接受，都是可以的。

另外，故事里出现的各种人物，都可以根据你自己的想象来设计，增加其声音特点。比如声音的音色、音量、语速，甚至少量的方言等，都是可以的。但这涉及的技巧比较多，较难掌握，小朋友可以暂时不做这些考虑。等到讲的故事多了，慢慢就能掌握更多的用语言塑造人物的方法了。

听嘉庆叔叔讲故事

小朋友，通过《负荆请罪》这个故事，我们了解了不同性格的人之间的对话特点。

你知道这个故事该怎么讲了吗？

下面，就请你先来听听嘉庆叔叔是如何讲《负荆请罪》这个故事的吧。

如果是你来讲这个故事，你会怎么讲呢？

扫二维码
听嘉庆叔叔讲故事

多人对话的语言特点

故事10

东郭先生和狼

很久很久以前，有一个东郭先生，他读了很多书，可是他除了看书之外，别的什么也不会干。有一天，他牵着一头小毛驴，驴身上驮着满满一大袋子的书，行走在一条山路上。

突然，远处跑过来一头伤了后腿的狼。狼见了东郭先生，扑通一声跪在地上："好心人啊，您救救我吧。我身后的猎人就要追来了，如果被追上，我就要被剥皮抽筋啊。现在我的后腿受了伤，实在跑不动了。好心人啊，您救救我吧！"

东郭先生见这狼实在可怜，为难地说："我看你确实可怜，可是我能怎么救你呢？"

狼说："您把我装进您的书袋里，猎人来了不就看不到我了吗？"

于是，东郭先生就把袋子里的书倒出来，把狼装了进去。

不一会儿，猎人赶到，没有看到狼，就问东郭先生："请问您是否看到一头狼？它的后腿受了伤，跑起来一瘸一拐的。"

东郭先生也不敢看猎人，抬起手，随意朝远处一指，说："那狼往那边跑了。"

猎人连忙道了声谢，就朝东郭先生指的方向追去了。

猎人走后，袋子里的狼说："好心人啊，这袋子里面太憋得慌，您把我放出来吧。"

东郭先生一解开袋口，狼就从里面跳了出来。

这时，狼的眼中冒出了凶光，张开了大嘴说："好心人啊，您救了我，我的确应该感谢您。可是我肚子饿得实在难受，如果不吃东西马上就会饿死。您好人做到底，让我吃了您吧。”

东郭先生既害怕又难过地说：“我救了你，你却要吃我，简直太没有良心了。”东郭先生说着与狼周旋起来。

最后，东郭先生说：“这样吧，让我们找人评评理。一会儿遇到别人，如果他说我应该被你吃掉，我就让你吃好不好？”

狼同意了这个主意。

过了一会儿，山道上走过来一个老人。东郭先生向老人说明了情况，老人慢悠悠地说：“俗话说，眼见为实，你们说的我可不信。这么大的一头狼怎么能装进那样一个书袋子里呢？”老人转过脸来对狼说，“如果你能进去给我看一下，我就同意你吃了他。”

狼一听这话可高兴了。

在老人的帮助下，东郭先生又把狼装进了袋子里。

然后，老人突然大声说：“快把袋口扎紧。”东郭先生马上用绳子把袋口扎了个结结实实。接着老人用折断的树干朝袋子里的狼抡去，啪……啪……啪……一连抡了几十下，直到那袋子里的狼咽气了。

事后，东郭先生非常感谢老人。

老人对东郭先生说：“狼，终究是狼，怎么能发善心来救一头凶猛的野兽呢？”东郭先生深深地点了点头。

一起玩游戏

象声词接龙

小朋友，我们下面来玩象声词接龙的游戏。

这个游戏要找家人和你一起玩儿，比如，其中一人喊出上半句，其余的人喊出下半句；也可以在喊出上半句的同时，快速指定某一个人来喊出下半句，看谁喊得快，喊得准，喊得响亮。

天上下雨——哗啦啦。

打起雷来——轰隆隆。

汽车喇叭——嘀嘀嘀。

鞭炮连天——啪啪啪。

练练嘴皮子

藤萝花和喇叭花

华华园里有一株藤萝花，

佳佳园里有一株喇叭花。

佳佳的喇叭花，

绕住了华华的藤萝花，

华华的藤萝花，

缠住了佳佳的喇叭花。

也不知道是藤萝花先绕住了喇叭花，

还是喇叭花先缠住了藤萝花。

语言小星星

我们下面用“人物语言设计三步法”来看一看《东郭先生》这个故事里的人物语言该怎么设计。

1.通读全文，这个故事里一共有几个人物说了话呢？

四个——东郭先生、狼、猎人和老人。

2.分析每个人物的性格特点。

东郭先生：中年男子，书呆子，读死书，非常迂腐，分不清是非善恶，而且胆小怕事。

狼：假设为成年男子，阴险、凶残、狡猾、忘恩负义。逃跑时，惊慌失措，祈求可怜；躲过追击后，得意扬扬，凶残的嘴脸完全显露出来。

猎人：成年男子，体魄强壮，勇猛。

老人：一位老爷爷，但是非常有力量，果断、勇敢、有智慧。

3.根据每种性格的人物语言上的特点来进行设计。

东郭先生：音色适中，不粗不细，音量略小，语速略慢。

狼：音色稍粗，可以略微沙哑；逃避猎人的追击而祈求时，声音略低，急促，同时可以伴有气喘吁吁；猎人离开，从口袋里出来后，音量增大，语速稍慢。

猎人：声音洪亮、语速很快、焦急。

老人：音色略低沉，有力，开头语速较慢；当把狼装进口袋后，突然提高音量，加快语速。

听嘉庆叔叔讲故事

小朋友，请你注意，随着故事情节的发展，人物的性格和心理也会有所变化。随着这种变化，人物的语言特点也会发生变化。比如，在《东郭先生和狼》这个故事里，狼的声音在逃避猎人的追击前后，就发生了明显的变化。

经过这样的分析，小朋友你知道这个故事应该怎样讲了吗？

下面，请你来听听嘉庆叔叔是怎样讲《东郭先生和狼》这个故事的吧。

扫二维码
听嘉庆叔叔讲故事

综合训练（一）

故事11

闻鸡起舞

晋朝时期，有一个人叫作祖逖。这个祖逖从小就心怀大志，二十几岁就当了官。他本想要用自己的才华报效国家，可是当时，国家战乱，老百姓生活非常艰难。

那时候，祖逖有一个在一起做官的好朋友叫刘琨。他们两个人感情非常好，谈论起当时的国家大事和个人发展都非常投机。两个人经常在一起，一聊就是一整夜，累了就在一张床上睡下。

有一次，两个人又聊到了深夜，不知不觉就睡着了。到了天蒙蒙亮的时候，窗外有一只大公鸡“咯咯咯……”打起了鸣。祖逖听了立刻翻身起来，叫醒了刘琨：“兄弟兄弟，快醒醒，你听啊，外面的鸡叫了。”

刘琨眼睛也不睁一下，嘴里说道：“那只该死的鸡，昨天晚上咱们聊到那么晚，这一大早又被它吵醒，明天我把它宰了吃掉，看它还叫。”

祖逖忙说道：“贤弟，这话不对啊。那只鸡的鸣叫可是代表着百姓和上天对咱们的激励呢，咱们整天想着报效国家，可是不练好本事怎么行？清晨的鸡鸣声正是在提醒咱们该是起来操练的时候了。”

听到这里，刘琨睁开眼睛感叹道：“兄长说得是啊，小弟错了，我们真应该从现在开始操练起来。”说罢，他们俩都拿起佩剑舞了起来。

到今天，人们仍然在用这个成语来形容那些胸怀大志，每天勤奋努力的人。

一起玩游戏

词语接龙

一起来找一些声母分别是p和b的词，例如，蓬勃。你可以和家里人一起接龙玩这个游戏。看谁找得多，看谁找得快，可千万不能重复哦！

练练嘴皮子

粉凤凰

费家有面粉红墙

粉红墙上画凤凰

凤凰画在粉红墙

红凤凰，黄凤凰

红凤凰看着黄凤凰

黄凤凰看着红凤凰

粉凤凰，灰凤凰

粉红凤凰花凤凰

全都仿佛活凤凰

语言小星星

我们下面用“人物语言设计三步法”来看一看《闻鸡起舞》这个故事里的人物语言该怎么设计：

1.通读全文，这个故事里一共有几个人物说了话呢？

2.分析每个人物的性格特点。

3.根据我们学过的每种性格的人物语言特点，来进行设计。

听嘉庆叔叔讲故事

小朋友，请你根据自己的分析讲一讲《闻鸡起舞》这个故事吧！

当然，你也可以先来听听嘉庆叔叔是如何讲《闻鸡起舞》这个故事的。

扫二维码
听嘉庆叔叔讲故事

综合训练（二）

故事12

买椟还珠

在2000多年前的战国时期，有一个卖珠宝的楚国商人。他非常会做生意，总能用很低廉的价格把最值钱的珠宝买到手，再用很高的价格把珠宝卖出去。

他的珠宝生意做得很大。有一次，他从一个海边的渔村收来了一颗夜明珠。他从来没有见过这么漂亮的夜明珠，又大又圆又亮。在晚上，哪怕天上没有一点儿星光，只要你的手里有这颗珠子，你都能凭借它的光亮找到回家的路。

这个珠宝商人决定这一次远赴郑国去卖这颗珍珠，一定要卖出一个大价钱。

为了能把这颗珠子卖一个好价钱，商人准备了一个非常精美的木匣子用来装这颗珠子。这个木匣子是用最名贵的木料制作的。然后他又请来了当时最有名的雕刻大师，在木匣子上雕刻了美丽的花纹，又把翡翠和宝石镶嵌在匣子上，还用珍贵的香料把匣子熏了很多天，直至木匣子能散发出一种迷人的香味。珠宝商人觉得这样做可以让匣子里的夜明珠显得更加珍贵和稀有。

他带着这个装着夜明珠的匣子来到郑国，向很多有钱人展示他的匣子和夜明珠。很多人都非常喜欢，只是由于夜明珠的价格太贵而买不起。终于，郑国最有钱的富翁看到了这个装着夜明珠的木匣子。他看到匣子雕刻精美，还能散发出迷人的香味，非常喜欢。富翁问珠宝商人价钱，珠宝商人就把夜明珠的价钱告诉了他。富翁听了之后，二话没说，掏出钱付给了商人。珠宝商人非常高兴，拿着钱刚要走，突然被郑国富翁喊住："慢着，你把这个拿回去。"

珠宝商人回头一看，原来富翁把匣子打开，把里面的夜明珠拿了出来，他让商人把夜明珠拿走。珠宝商人愣了："您不要这个珠子吗？"富翁说："是啊，我要的就是这个匣子，要珠子做什么？还是把珠子还给你吧。"

珠宝商人非常吃惊地愣在那里。后来，这件事情很快传开。人们都说这个富翁实在是不识货，那个珠子才是真正值钱的东西啊。

练练嘴皮子

司小四和史小世

司小四和史小世，
四月十四日十四时四十上集市，
司小四买了四十四斤四两西红柿，
史小世买了十四斤四两细蚕丝。
司小四要拿四十四斤四两西红柿换史小世十四斤四两细蚕丝。

史小世十四斤四两细蚕丝不换司小四四十四斤四两西红柿。

司小四说我四十四斤四两西红柿可以增加营养防近视，

史小世说我十四斤四两细蚕丝可以织绸织缎又抽丝。

语言小星星

我们下面用“人物语言设计三步法”来看一看《买椟还珠》这个故事里的人物语言该怎么设计：

1.通读全文，这个故事里一共有几个人物说了话呢？

2.分析每个人物的性格特点。

3.根据每种性格的人物语言特点，来进行设计。

听嘉庆叔叔讲故事

请你来听听嘉庆叔叔是如何讲《买椟还珠》这个故事的。

如果是你来讲这个故事，你会怎么讲？

扫二维码
听嘉庆叔叔讲故事

第三章

气氛的营造

音量的变化与运用

故事1

夜郎自大

夜郎是汉朝时候一个地处我国西南边陲的小国。它虽然是一个国家，可是面积很小，百姓也不多，物产更是少得可怜。但是由于邻近的国家中，数夜郎这个国家最大。从没离开过自己国家的夜郎国国王就以为，自己统治的国家是全天下最大的国家。

有一天，夜郎国国王带大臣们巡视国境的时候，问大臣们：“哪个国家最大呀？”

大臣们为了迎合国王纷纷说：“当然是夜郎国最大啰！”

走着走着，国王抬起头来，望着前方的高山又问：“天底下还有比这座山更高的山吗？”

大臣们回答：“天底下没有比这座山更高的山了。”

后来，他们来到河边，国王又说：“我认为这是世上最长的河了。”

大臣们仍然异口同声地回答说：“大王说得一点儿都没错。”

从此以后，无知的国王就更相信夜郎是天底下最大的国家了。

有一次，汉朝派使者来到夜郎，骄傲又无知的夜郎国国王因为不知道自己统治的国家只和汉朝的一个县差不多大，竟然不知天高地厚地问使者：“汉朝和我的国家哪个大？”使者一听吓了一跳，他没想到这么个小国家，竟然无知地自以为能与汉朝相比。

练练嘴皮子

河和鹅

坡上立着一只鹅，

坡下就是一条河。

宽宽的河，

肥肥的鹅，

鹅要过河，

河要渡鹅。

不知是鹅过河，

还是河渡鹅？

知识点回顾

在以下场景说话声音要大一些：

朝远处说话时；	白天交谈时；
和很多人说话时；	环境嘈杂时；
说些光明正大的事情时；	壮汉说话时。

在以下场景说话声音要小一些：

和很近的人说话时；	夜晚说话时；
环境安静时；	说些秘密时；
小女孩或上年纪的人说话时；	心平气和时。

语言小星星

请按照以下思路为《夜郎自大》这个故事里的人物设计语言和动作。

1.在这个故事里有几个人物？分别都是谁？

2.这里面的人物说话的声音分别都有什么特点？

3.谁的声音更大些？为什么？

4.每个人物每一次说话的声音是否一样？为什么？

请用我们学过的知识为下面的人物配音：

1.猪八戒喊着："猴哥，你在哪？猴哥，你在哪？"突然他身后被拍了一下，只听孙悟空低声叫道："呆子，小点声，咱们在妖精的洞府里，别把他们吵醒了。"

2.妈妈抱着昏迷的淘淘大声喊着："淘淘，你快醒醒啊！"淘淘慢慢地睁开了眼睛说："妈妈，我没事。"

3.老虎把小猴子拎起来叫道："哈哈，我今天一定要吃了你！"小猴子浑身发抖地说："虎大哥，虎大哥，求求你别吃我！"

听嘉庆叔叔讲故事

请你听听嘉庆叔叔是怎么讲《夜郎自大》这个故事的。

如果是你来讲这个故事，你会怎么讲？

请注意：

1.国王与大臣因为身份不同，国王声音音量自然就会更大；身份低一点儿的大臣们要奉承国王，自然声音就要小得多。

2.国王的三次问话，由于心理有变化（国王越来越自信），每次的音量都比上一次略大一些。

3.在两个人物说话的时候，配合音量的变化，可以加上一些肢体动作，以彰显人物的性格。（比如国王挺胸昂头，说话时还摇晃着身子；大臣们则低头哈腰，仰着脸笑。）

扫二维码
听嘉庆叔叔讲故事

语速的变化与运用

故事2

烽火戏诸侯

西周时期，周幽王有一位非常美丽的妃子叫作褒姒。他非常喜欢自己的这位妃子，可是令他十分苦恼的是，褒姒特别不爱笑，总是一副闷闷不乐的样子。

周幽王请来了天下最会逗笑的人来给褒姒表演，比如演杂耍、讲笑话、唱大戏……几乎所有的办法都用尽了，但褒姒还是一点儿也笑不出来。这可把周幽王给急坏了。

这一次，周幽王带着褒姒四处游玩，偶然间看到了当时传递信息的烽火台。

有的小朋友问了，这烽火台是什么呀？原来，周王朝为了抵御外敌的进攻，就在很多重要的关口建立了很多高台。如果有外敌来犯，把守较近的关口的士兵就会在高台上烧起火来；附近关口上的士兵看到烟火，也会在自己把守的高台上烧起火来……这样一个一个地传递下去，诸侯国看到燃起的烽火，就知道有外敌来犯，就会发兵来救。可见，这烽火台可是古代边防军事通信的重要手段。

话说周幽王发现褒姒看了烽火台之后，好像露出了一丝笑容，于是他心想：哈哈，我终于找到了能逗笑褒姒的方法了。

于是，周幽王就下令让人点起了烽火。远方看到烽火的各路诸侯以为周幽王遭到了袭击，于是急忙召集军队："快点快点，大王有难了，我们必须用最快的速度赶过去，解救大王！"

可是，各方诸侯率领大军来到周幽王点燃烽火的地方时，却发现一片歌舞升平。

大家不解地看着周幽王，周幽王却不慌不忙地说："没关系，

没关系，不用着急，我跟大家开玩笑哪！”

各路诸侯都感觉自己受到了欺骗。而褒姒看到狼狈不堪的各路诸侯，竟然大笑出来。

这以后，周幽王又接连几次点起烽火，只为博褒姒一笑，各路诸侯军队为此奔波了好多次。

终于，有一天，周幽王真的遭到了外敌入侵，点起了烽火。这一次，诸侯们看到了，以为周幽王又在戏弄他们，纷纷说道：“没关系，没关系，大王是跟咱们开玩笑哪！”

此时的周幽王却大喊着：“快来人哪！快来人哪！救我啊！”可是，再也没人来救他了。

练练嘴皮子

山上五棵树

山上五棵树，

架上五壶醋，

林中五只鹿，

箱里五条裤。
伐了山上树，
搬下架上的醋，
射死林中的鹿，
取出箱中的裤。

知识点回顾

音长就是指每个字的读音的长短，其实也就是说话的快慢。一般来说，播音的语速是每分钟240～300个字，也就是每秒钟4～5个字，平时小朋友说话时可能要比这快得多。

同样一句话，在不同的情况下，字音的长短可能表示着不同的感情。一般来说，如果一个字的长度达到两秒钟，就肯定算是读得很长、很慢的了。

所有字词的音长结合在一起，就形成了说话的速度，即语速。

语言小星星

请按照以下思路为《烽火戏诸侯》这个故事的人物设计语言和动作：

1.在这个故事里有几个人物？都是谁？

2.这里面的人物说话的声音都应该有什么特点？

3.每个人的语速在不同情况下有什么变化？为什么？

4.每个人物每一次说话的声音是否一样？为什么？

请根据之前学过的知识为下面的人物配音：

1.叶公躲在桌子底下，颤抖着说道：“老龙王，你……你……你可千万不要过来啊！”龙王不解地问他：“你不是最喜欢我吗？为什么现在又这么怕我呢？”

2.孙悟空心里飞快地闪过一个念头：“眼前的这个老道士，难道就是五庄观的观主。我偷吃了他的人参果，还推倒了果树，可不能让他知道。”于是，他带着笑容慢条斯理地说道：“老道长，我们从不曾经过什么五庄观啊，更不曾吃过什么人参果呀！”

听嘉庆叔叔讲故事

请你来听听嘉庆叔叔是如何讲《烽火戏诸侯》这个故事的。

如果是你来讲这个故事，你会怎么讲？

扫二维码
听嘉庆叔叔讲故事

抑扬顿挫的训练

故事3

完璧归赵

战国时期，赵王得到了一块名贵宝玉——和氏璧。这件事情让秦王知道了。秦王就派使者对赵王说，自己愿意用十五座城池来换和氏璧。赵王不敢违背秦王的意愿，又怕秦王说话不算话，左右为难。

蔺相如知道了这件事，便对赵王说：“大王，让我带着和氏璧去见秦王吧。到那里我再见机行事。如果秦王不肯用十五座城池来交换，我一定把和氏璧完整地带回来。”赵王知道蔺相如是个既勇敢又机智的人，就同意他去了。

蔺相如到了秦国，秦王在王宫里接见了他。蔺相如双手把和氏璧献给秦王。秦王接过来左看右看，爱不释手。蔺相如一个人站在旁边，等了很久，也不见秦王提起割让十五座城池的事情，他便知道秦王根本没有诚意。可是宝玉已经到了秦王手里，怎么才能拿回来呢？蔺相如想来想去，想出了一个计策。只见蔺相如走上前去，对秦王说：“这块和氏璧虽然看着珍贵，可是有一点儿小毛病，让我指给大王看。”秦王一听这话，赶紧把宝玉交给蔺相如，让他指出来。

蔺相如拿着和氏璧往后退了几步，身体靠在柱子上，气冲冲地对秦王说：“当初大王您派人送信给赵王，说情愿拿十五座城池来换赵国的和氏璧。赵国部下都说，千万别相信秦国骗人的话。我却不这么看，我相信您是诚实守信的人，这才把和氏璧送来。没想到刚才大王把宝玉接了过去，看了很久却根本不提十五座城池的事情。这样看来，大王确实没有用城换玉的诚心。现在宝玉在我的手里，如果大王硬要逼迫我，我情愿把自己的脑袋和这块宝玉一块儿

撞碎在这根柱子上！”说着，蔺相如举起和氏璧，面对柱子，就要摔过去。

秦王害怕蔺相如真的摔碎了宝玉，就连忙说：“别别别，我这就派人把十五座城池送给赵国。”

可是，蔺相如现在已经根本不相信秦王了。后来，他想方设法将和氏璧送回了赵国。

这就是历史上著名的完璧归赵的故事。

练练嘴皮子

扁担长，板凳宽

扁担长，板凳宽，

扁担没有板凳宽，

板凳没有扁担长。

扁担绑在板凳上，

板凳不让扁担绑在板凳上。

语言小星星

抑扬顿挫，是语言表达中最常用到的技巧。

抑：指的是降低音量和情绪；

扬：升高音量和情绪；

顿：声音的停顿；

挫：声音转折，包括音量大小之间的转折，语速快慢之间的转折等。

抑扬顿挫泛指声音的高低起伏，情绪的转换与变化。

抑扬顿挫的熟练运用，是一个人是否掌握了语言表达技巧的标志，也是语言表达高手的一项重要能力。但这个能力需要长期大量的实践才能掌握并运用自如。举例如下：

抑：

1.公堂上，张飞面带严肃，用低低的声音对小偷说：“你偷人家的东西，被主人当场抓获，难道你还要抵赖不成吗？”（动画片《张飞审瓜》）

2.孙悟空看到如来佛手指上的大字“齐天大圣到此一游”，心里暗想：咦，我老孙写的字怎么到了他的手上，难道是中了这老头的计策了吗？不行，我得回去看看才行。

3.老狼用爪子向东郭先生一边作揖，一边说：“求求您了，救救我吧！那猎人马上就要追上来了，他来了我可就活不了了。”

扬：

1.南郭先生仰起脸来，对齐王高声说：“大王，我最拿手的就是吹竽啦！我可是方圆百里最有名的吹竽高手啊！如果把我请进您的皇家乐队，一定会让您的乐队演奏出来的乐曲更加动人，更加气派！”

2.小孟轲跑回家中，对妈妈说：“妈妈，妈妈，今天的考试，我在学堂里得了第一名！老师还夸我进步很大呢！”

3.李逵捧着一大碗酒闻了闻，高声笑道：“哈哈，这可真是好酒啊！今天我李逵可要喝个痛快！”

顿：

1.车迟国国王一边将托盘上的布掀开，一边笑眯眯地说道：“和尚，你们错了，我刚才亲自放了一个……”说到这，国王说不下去了，因为他吃惊地看到，那个盘子上分明摆着一个刚吃完的桃核。

2.孟母看着逃学回来还撒谎的小孟轲，生气地说道：“孟轲啊孟轲，你……你……你真是气死我了！”

3.晚上，沉香一个人对着天上的月亮说道：“妈妈，妈妈，学堂里的孩子都在笑话我，说我没有妈妈。可是……可是……我知道，我有妈妈。妈妈……妈妈……你在哪里呀？你快来看看我吧……哪怕一次……就一次也好啊。妈妈！”

挫：

1.李逵离开家乡很多年，今天终于回到了这里，离自己家还有好远就开始跑了起来，到了家门口就喊：“娘啊，娘啊，铁牛回来啦，铁牛回来啦！”可是，当他打开家门时，发现母亲的两只眼睛已经看不见了，急忙跪倒在地说道：“娘啊，你怎么了？娘啊！你怎么看不见了？”

2.卖兵器的人吆喝道：“我的矛是天下第一，什么盾都刺得破！我的盾世间无敌，什么矛都刺不穿！”旁边的人问他：“那如果用你自己的矛戳你自己的盾，又会怎么样呢？”“啊……这个……我……啊……这个……我……”卖兵器的人被问得哑口无言。

3.刘伯温花了大价钱买了一个橘子，心想：“哈哈，这橘子这么贵，肯定特别甜！”可是，当他掰开橘子猛地咬了下去，发现不对，就连吐了三口，“呸……呸……这橘子怎么全是干的，跟破棉絮一样，实在是太难吃了！”

语言小星星

请按照以下的思路为《完璧归赵》这个故事里的人物设计动作和语言：

1.在这个故事里，一共有几个人物？他们说话分别有什么样的特点？

2.蔺相如在这个故事里，一共说了几次话，每一次说话的时候在音量和语速上，有什么样的不同？

3.根据主人公蔺相如的情绪变化，叙述者的语言在音量和语速上应该有怎样的变化？

听嘉庆叔叔讲故事

蔺相如是整个故事的主人公，他在故事里一共说了3次话。第一次是向赵王表达自己可以“完璧归赵”的信心和决心。第二次是使用计策，让秦王把和氏璧交还给自己。第三次是用自己的勇敢和决心，让秦王以为他会摔坏和氏璧，以致不敢强行抢夺和氏璧。这三次说话，在抑扬顿挫上都有不同的处理方式，请仔细思考，认真练习。

下面，请你先听听嘉庆叔叔是如何讲《完璧归赵》这个故事的。

如果是你来讲这个故事，你会怎么讲呢？

扫二维码
听嘉庆叔叔讲故事

表情的训练

故事4

指鹿为马

秦朝末年，丞相赵高想要取代当时的皇帝秦二世——自己登上皇帝的宝座，又怕其他大臣反对，为了试探其他大臣，他想出了一条计策。

一天上朝时，赵高让人牵来一只鹿，满脸堆笑地对秦二世说：“陛下，我献给您一匹好马。”

秦二世一看，心想：这哪里是马，这分明是一只鹿嘛！便疑惑地问赵高说：“丞相搞错了，这是一只鹿，你怎么说是马呢？”

赵高挺胸抬头，理直气壮地说：“请陛下看清楚，这的确是一匹千里马。”

秦二世又看了看那只鹿，皱起眉头将信将疑地说：“马的头上怎么会长角呢？”

赵高一转身，用手指着众大臣，大声说：“陛下如果不信我的话，可以问问众位大臣。”

大臣们都被赵高的一派胡言搞得不知怎么办才好，私下里嘀咕：“这个赵高搞什么名堂？是鹿是马这不是明摆着吗！”可当他们看到赵高脸上露出阴险的笑容，两只眼睛骨碌碌地盯着每个人的时候，忽然明白了他的用意。

有些正直的大臣，坚定地说：“陛下，这分明是鹿而不是马。”有些胆小又有正义感的大臣都低着头，不敢说话。还有一些平时本就紧跟赵高的人，立刻仰起笑脸，对皇上大声说：“皇上，这确实是一匹千里宝马呀！”

后来，赵高通过各种手段杀害了那些不顺从自己的正直的大臣。

练练嘴皮子

严圆眼和严眼圆

山前有个严圆眼，

山后有个严眼圆，

二人山前来比眼，

不知是严圆眼的眼圆，

还是严眼圆比严圆眼的眼圆？

语言小星星

不管是在日常语言交流中，还是在讲故事的过程中，除了声音能传递感情和信息之外，表情也是非常重要的表情达意的工具和手段。一个语言表达的高手，往往可以不用说任何话，光是一个表情就可以让观众体会到自己想要表达的意思。当然，这是需要长时间的训练才能做到的。

人们说话的每时每刻都会有相应的表情，甚至可以说，不存在没有表情的表达。有的小朋友可能会问，可是有的人说话就是没有表情啊。其实，所

谓的没有表情只是某个人的表情比较少，或者表情有点儿呆板。就像咱们在“人物的语言”中曾经讲过，其实叙述者本身也是一个人物、一个角色，没有表情或者表情呆板，其实也是表情的一种。

人说话是为了传情达意。人的感情通常主要分为喜、怒、忧、思、悲、恐、惊。每一种感情对应着不同的情绪，每种情绪又都对应着不同的表情。比如，“喜”一般用笑的表情来表现，有狂笑、大笑、微笑、苦笑、浅笑、假笑等。这些表情如果要一一练习和掌握确实难度太大了。小朋友们不用全都学会，只要把最常用的几种表情熟练掌握就可以了。

表情的训练——喜：

1.孙悟空站在花果山上，看着飘扬的大旗上写着“齐天大圣”四个字，大笑道：“哈哈哈，从今天起，俺老孙就是齐天大圣啦！哈哈哈！”

2.卖珍珠的商人对客人说：“您看哪，我这颗珍珠可是天底下最大、最圆、最亮的。买回家去，摆在客厅里，多有面子呀！”

3.船夫笑着说：“你在河中间掉了宝剑，却在船上刻下记号，到了对岸怎么可能找到宝剑啊？！你这个人真是太可笑啦！”

表情的训练——怒：

1.张飞高叫道：“曹操，有本事你就派你的兵马踏过这当阳桥来，看看你家三将军怕不怕你！”

2.唐僧对孙悟空怒道：“你这泼猴，一天之内打死三条人命，还说是妖精！真是一错再错，不知悔改！”

3.韩生提出在咸阳定都，却没有被项羽采纳，回到家里，对朋友说：“这项羽根本不懂得分析眼下的形势，就像是一只戴着帽子的猴！长得像个人，其实根本就是个猴子！”

表情的训练——悲：

1.孙权趴在床上边哭边想：哥哥呀，你怎么死得这么早啊！留下东吴这么大的土地和家业让我怎么办哪！

2.项羽看着眼前为数不多的将士，听着四面传来的楚地的歌声，自言自语道：“唉，想当初我项羽率领十万大军，天下无敌，到今天竟然落到这样的地步。唉，看来我是再也没有机会从头再来了！”

3.鱼鹰子被渔夫抓到了手里，发出两声悲凉的鸣叫，那意思好像是说：“早知道现在落到渔夫的手里，刚才何必咬住蚌壳不撒嘴呢！我和蚌争斗，却被渔夫得了利益，我可真是太愚蠢了！”

表情的训练——惊：

1.突厥国王看到长孙晟一箭射下了两只雕，吃惊地说：“长孙将军，真是好箭法！”

2.老太婆害怕地对唐僧说：“唐长老，这个毛脸的和尚他要用铁棒打死我呀，您快救救我呀！”

3.东郭先生对狼说：“你……这个没良心的畜生！我救了你，你……你却要吃我！”

故事练习所

请按照以下思路为《指鹿为马》这个故事里的人物设计语言和动作。

1.在这个故事里，一共有几个人物？他们说话都有什么特点？

2.仔细考虑，赵高每一次说话时，他的表情有什么变化？为什么？

3.仔细考虑，秦二世每一次说话，表情有什么变化？为什么？

4.正直的大臣和善于趋炎附势的大臣在说话时，表情上分别有什么不同？为什么？

听嘉庆叔叔讲故事

《指鹿为马》这个故事里，赵高和秦二世分别有三次和两次说话。每次说话，因为思想和情节有变化，他们的表情也有所不同。需要注意的是，赵高前后三次的表情变化：第一次是假装讨好式的假笑；第二次对秦二世是要表达自己的正确和自信，是一种带有肯定的微笑；第三次是想要表达自己的气势和威严，带有一种略微发怒的表情。

下面，请你先听听嘉庆叔叔是如何讲这个故事的。如果让你来讲这个故事，你会怎么讲？

扫二维码
听嘉庆叔叔讲故事

拟声词的训练

故事5

对牛弹琴

很久很久以前的春秋战国时期，鲁国有一个很有名的琴师叫作公明仪。他的琴艺非常高超，据说凡是听过他弹琴的人就像是喝醉了酒一样，非常痴迷，脑海里会经常回响起他所弹奏的乐曲。

有一年春天，公明仪背着自己心爱的古琴到城郊去游玩。他看到河边的小草刚刚长出来，还泛着青浅的绿色；柳树的枝叶低低地垂着；小鸟在枝头叽叽喳喳地叫着；刚刚解冻的河水哗啦哗啦地流着；一阵微风吹来，柳树和小草都扑扑簌簌地摇摆起来；不远的地方，有一头大青牛卧在一块石头上，懒洋洋地闭着双眼打盹儿。

公明仪突发奇想：“咦，我以前只是给人弹琴，所有听过我琴声的人无不心驰神往。我从来没有给动物弹过琴，尤其是没有给牛弹过。如果我给牛弹琴，想必也一定能够得到它的喜欢。让它随着我的琴声翩翩起舞，岂不是一桩美事！”

于是，公明仪走到牛的跟前，坐在地上把琴放在面前的大石头上，轻轻地拨弄起琴弦来。他的琴声弹得婉转悠扬，优美动听。

弹到一半的时候，公明仪偷偷抬起头朝那头牛看去。这一看可把公明仪给气坏了。那头牛还像刚才一样，懒洋洋地趴在那，双眼紧闭，仿佛睡得比刚才还沉。

公明仪心里想：“难道是我弹得不够好，琴声不够动听？看来我还得再努把力才行。”接着，他又全神贯注施展其所有的弹琴技巧，更加投入地弹了起来。

又弹了一会儿，他偷偷瞄了一眼那头牛，只见那头牛张开了嘴龇出了牙，伸出舌头在嘴唇上舔了一圈，又继续睡了过去。这一次鼻子里还大大地吹出了一个鼻涕泡泡。

公明仪依然不气馁，继续弹琴。弹完整首曲子之后，公明仪甚至出了一身汗。这时候当他再抬起头看向那头牛，只见那头牛睁着一只眼正看向公明仪。公明仪乐坏了，他想一定是这头牛听懂了他的琴声。可是这头牛，只用这一只眼瞥了公明仪一眼，然后很不高兴地叫了一声：“哞……”就转过头去，又继续睡了起来。

公明仪心里想：“看来我今天给牛弹琴实在是太失败了。”

练练嘴皮子

六舅六斗好绿豆

出南门，走六步，
见着六叔和六舅，
叫声六叔和六舅，
借我六斗六升好绿豆；
过了秋，打了豆，
还我六叔六舅六十六斗六升好绿豆。

语言小星星

拟声词是用来模拟各种生活中的声音的词汇。在演说故事的时候，拟声词的运用非常广泛，对于故事氛围的烘托和生动描绘故事中的角色都有着非常重要的作用。

一般来说，故事中的拟声词的用法主要有两种：

1.模拟故事中动物发出的各种叫声，比如，小猫——喵呜，小狗——汪汪，母鸡——咯咯咯，老虎——嗷呜，等等。

2.模拟故事中需要特别强调的特殊声音，比如，水滴落到石头上的声音——叮咚、叮咚，下大雨的声音——哗……哗……兵器碰撞的声音——当啷啷，有人上楼梯的声音——噔噔噔噔，等等。

拟声词的发音要以模拟声音原型为目的，不需要刻意地咬字的读音。

拟声词的训练

1.唐僧师徒四人正往前赶路，猛听到“当……当……”从远处传来了几下钟声。

2.武松看老虎朝自己扑了过来，用尽全身力气举起手中的棒子往下就砸，只听到“咔嚓”一声，那棒子打在头顶的树枝上，断成了两截。

3.男主人刚刚睡下，就听见“吱吱吱，吱吱吱”的叫声，睁开眼仔细一看，原来是一只老鼠趴在大花瓶上。

故事练习所

1.《对牛弹琴》这个故事里有几次用到了拟声词，分别是哪些？

2.这些拟声词应该怎么表现出来呢？

3.你还能举出哪些生活中常用的拟声词呢？

听嘉庆叔叔讲故事

在《对牛弹琴》这个故事中，拟声词较多，既有模仿牛和小鸟鸣叫的声音，又有模仿小河流水的声音。讲故事的时候，要注意在将故事情节表达清楚的同时，注意拟声词的使用。拟声词的合理使用可以使故事更加生动和完整。

下面请你先听听嘉庆叔叔是如何讲这个故事的。

如果让你来讲这个故事，你会怎么讲？

扫二维码
听嘉庆叔叔讲故事

态势语的训练

故事6

太公钓鱼，愿者上钩

商朝末年，商纣王昏庸无能，奸臣当道，迫害忠臣，欺压百姓，搞得天下大乱。西伯侯姬昌，看到纣王如此昏庸和凶残，而老百姓生活十分艰苦，就想要推翻纣王的统治，建立一个崭新的王朝。可是，身边没有一个特别得力的人可以帮助他，他非常苦恼。

有一天晚上，姬昌做了一个梦，梦见从远处飞来一只白色的巨大的猛兽。等猛兽飞到跟前，他仔细一看，原来是一只长了翅膀的大白熊。大白熊落在姬昌的房间里，把姬昌给吓醒了。

醒来之后，姬昌和自己的部下说了这个梦。部下说，这个梦很有可能预示着他想找的人就快要出现了。

姬昌决定带着自己的部下去寻找人才。姬昌回忆起梦里面那只白熊飞来的方向，便顺着那个方向去找。走啊走啊，姬昌一行一直来到了渭水河边。

他们远远地看见，在河边有一位老者高举着钓竿，坐在那里一动不动。等他们走近一看，发现这老者的头发、胡子全白了，再看他的钓竿和钓钩就更有意思了。只见长长的钓竿尽头拴着一根普通的棉线。棉线下有一个钓钩，不过那哪里是一个钓钩，分明就是一根直直的钢针啊，而且这钢针并没有没入水中，而是悬在水面上方，离水面还有好几寸高呢。

姬昌觉得奇怪，上前便问："请问老人家，你这样用直钩悬在水面上，怎么能够钓上鱼来呢？"

老人并没有看他，只是轻轻笑了笑说："愿意上钩的自然就会上钩，不愿上钩的也不必勉强啊。"姬昌听了老人的话觉得这个老人不寻常，便问老人的姓名。老人告诉他，自己姓姜名尚，字子

牙，号飞熊。一听这话，姬昌高兴得直拍大腿，说：“哎呀，您叫飞熊啊，就是会飞的熊啊！和我梦里梦到的一样啊！”

后来，这个号飞熊的姜子牙就帮助姬昌和他的儿子姬发推翻了商纣王的统治，建立了一个崭新的王朝——周朝。

练练嘴皮子

老方和老黄

老方扛着黄幌子，
老黄扛着方幌子。
老方要拿老黄的方幌子，
老黄要拿老方的黄幌子，
末了儿，
方幌子碰破了黄幌子，
黄幌子碰破了方幌子。

语言小星星

态势语其实就是表情、眼神、姿态和动作的统称，通俗点说只要不是用声音表达的方式都可以叫作态势语。

态势语在语言表达中非常重要，它不仅可以增强语言表达的效果、烘托氛围，有时甚至可以起到语言表达无法达到的效果。

态势语的主要功用：

一、表现语言的含义。例如：

1.孙悟空对妖精说："俺乃是五百年前大闹天宫的齐天大圣孙悟空！"说话的时候，还拍了拍胸脯，竖起了个大拇指。

2.刘邦伸出了三个手指头，对咸阳城的百姓说："为了让老百姓安稳地过日子，我决定约法三章！"

二、增强感染力。例如：

1.张飞一看曹操带兵逃跑了，大笑起来："哈哈哈，曹操也有胆小怕死的时候！"（双手打开，高举过头。）

2.小狐狸一见老虎发愣了，猛地朝前一蹿，撒腿就跑。

三、给出指令。例如：

1.毛遂手持宝剑，指着楚王说："你赶快下令派援军解救赵国。"

2.秦王怕蔺相如真的摔了和氏璧，急忙示意所有士兵不要出手："你们

谁也不要动！千万不要动啊！”（平举双手，手心向下，微微下压。）

四、无含义或者辅助表达

故事练习所

1.在这个故事中一共有几个人物，每个人物说话的特点有什么不同？

2.在说话的时候，每个人物都会有怎样的态势语？如何表现？

听嘉庆叔叔讲故事

《太公钓鱼，愿者上钩》这个故事，不光是人物在说话的时候会用到各种态势语；在情节推进过程中，也会有很多态势语来辅助表现。请尽可能发挥想象力，用更多的态势语来帮助你更好地讲述这个故事。

另外需要注意的是，在初学使用态势语时，不要担心自己用得不对，请尽可能大胆地使用态势语来增强故事的呈现效果。

下面请你先听听嘉庆叔叔是如何讲这个故事的。

如果让你来讲这个故事，你会怎样讲？

扫二维码
听嘉庆叔叔讲故事

高兴、欢乐的气氛

故事7

南柯一梦

唐朝时，有一个年轻的武将叫淳于棼。他家的院子里有一棵槐树，长得非常茂盛，粗壮的树干需要七八个人才能围抱住。

有一次，淳于棼请朋友来家里做客，一伙人就在大槐树下喝酒、吃饭。淳于棼喝醉了酒，迷迷糊糊就在树下睡着了。

突然，他听到有人叫他，醒来一看有两个穿着紫色官服的人，说是要请他去槐安国做驸马。淳于棼心里想：驸马？不就是公主的丈夫吗？我也不知道什么槐安国呀，怎么邀请我当驸马呢？

正想着，那两个紫衣人就把他连拉带拽地带到了一个城门前，城门口写着三个大字“槐安国”。就这样，淳于棼稀里糊涂地来到了槐安国，娶了公主，成了驸马。后来，他还被国王封了大将军。

一次，他打败了来犯的敌人，带着军队准备凯旋，刚来到槐安国的城门口，发现从城门里走出来很多老百姓。他们舞着红绸，举着鲜花，有的向队伍喊道：“热烈欢迎淳于将军得胜归来！”有的喊道：“淳于将军万岁！”

后面紧接着走出来两列整齐的队伍，都穿着非常鲜艳的衣服，每个人手里都拿着乐器：有的吹着喇叭，有的敲着鼓，有的打着锣，别提多热闹了。周围还有很多老百姓，有的在唱歌，有的在跳舞，每个人脸上都洋溢着灿烂的笑容。

转眼间，很多年过去了。淳于棼突然想起了自己已经太久没有回自己的家乡看一看了。

刚想到这里，他就感觉自己周围飘起了很多很多的雾。当雾散去的时候，他发现自己正躺在自家院子里的那棵大槐树下，身边还有一个巨大的蚂蚁洞。他越看越觉得奇怪，这蚂蚁洞的形状居然和槐安国的城墙一模一样。

他突然明白了，原来是自己做了一个梦，梦里的槐安国就是这棵槐树下的蚂蚁洞！

练练嘴皮子

老罗和老李

老罗拉了一车梨，
老李拉了一车栗。
老罗人称大力罗，
老李人称李大力。
老罗拉梨做梨酒，
老李拉栗去换梨。

语言小星星

高兴、欢乐的气氛一般出现在喜庆、美好的事情发生的时候，比如婚礼庆典上、心愿达成的时候、和朋友久别重逢时等。这种气氛的渲染技巧一般采用“扬”的方式比较多，音量会比正常稍高一些，多用激动的向上的情绪来表达。

请用以下句子练习一下欢乐气氛的运用：

1.沉香用大斧子劈开华山，看到母亲就在不远处看着自己，他高兴地边跑边喊：“妈妈，我来啦！”

2.这个财迷终于找到了那根隐身草。他把这根草牢牢地攥在手里笑着说：“哈哈，这回我就要什么有什么啦！”

3.孙悟空看到远处有一个金光闪闪的横匾，上面写着三个大字——雷音寺，忙叫唐僧：“师父，师父，快来看哪，我们走过了十万八千里路，今天终于到了西天大雷音寺了！”

小朋友，你能不能再举出一些人们在欢乐、高兴的氛围下说话的例子来呢？

听嘉庆叔叔讲故事

《南柯一梦》这个故事情节十分丰富，我们重点关注一下其中有关欢乐氛围描写的部分，比如淳于棼凯旋的那一段。在这一段里，为了烘托喜庆的气氛，重点描写了出城迎接的百姓，他们有的舞蹈，有的呼喊，还描写了热闹的锣鼓队。需要注意的是：同样是欢乐气氛的烘托，虽然主要应采用“扬”的方法，却也需要有抑扬顿挫。讲述的时候，不能一味地放大音量，提高情绪，要有高有低。

请你先听听嘉庆叔叔是如何表现的，然后你自己也可以试一下。

扫二维码
听嘉庆叔叔讲故事

悲伤、低沉的气氛

故事8

搜孤救孤

春秋时期的晋国，有一个忠臣叫赵盾。

赵盾被奸臣屠岸贾（gǔ）造谣陷害，全家被杀，只有自己刚出生的孙子被好人程婴偷偷救了出来。

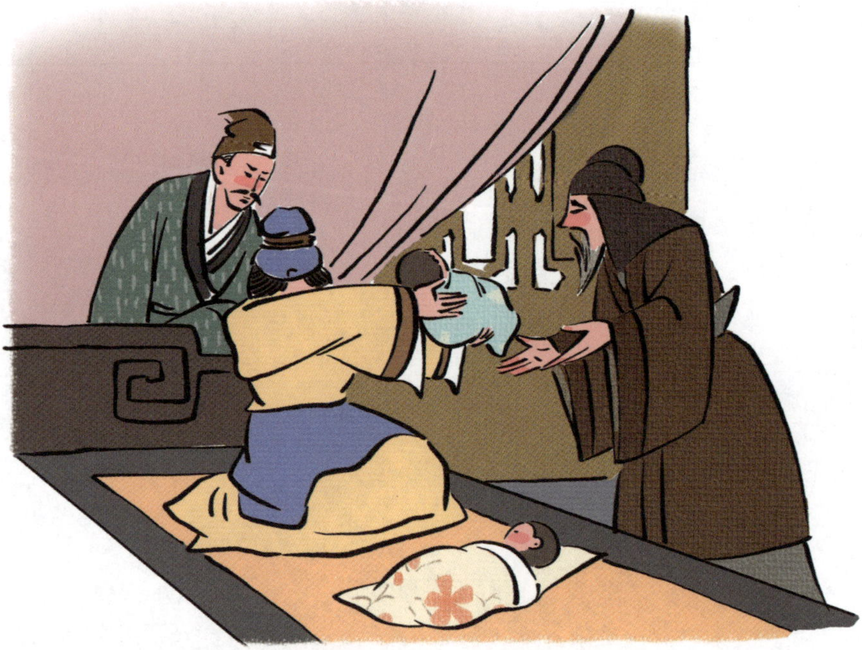

屠岸贾为了找出赵家的婴儿，贴出告示，对全国的老百姓说：“如果十天之内，偷走赵家婴儿的人不把孩子交出来，我就杀死全国和他一般大的婴儿。”

程婴听了这个消息非常难过，他想：赵盾是国家的忠臣，这个婴儿是他唯一的后代，如果交给屠岸贾一定是死路一条，无论如何也不能把他交出去，但如果不交出去，十天之后，全国同样大的婴儿，就要全部被杀死，怎么办呢？

终于，程婴想出了一个办法，既不用交出赵盾的孙子，也可以拯救全国的婴儿。原来，就在前不久程婴的妻子也生下了一个儿子，正好和赵盾的孙子一般大，程婴想把自己的孩子当成赵盾的孙子交给屠岸贾，但一旦这样做，自己的儿子一定会被立刻杀死。

程婴看着两个婴儿纠结了好久。

最终，程婴抱起了自己正在熟睡中的孩子。孩子红彤彤的脸蛋，就像一个圆圆的苹果。他嘟起的小嘴正在发出轻轻的喘息声。程婴将自己的脸慢慢地靠近孩子的脸蛋，轻轻亲了亲孩子的脸颊。一滴热乎乎的泪水，从程婴的眼中滴落到孩子的脸上。

这时，程婴又看到了床上赵盾的孙子，又想起屠岸贾的告示。他终于下定了决心，将自己的孩子当成赵盾的孙子交了出去。

程婴的儿子就这样被杀害了。

15年后，赵盾的孙子——赵武长大成人，程婴告诉了他他的身世。在很多好心人的帮助下，赵武杀死了屠岸贾，为全家报了仇。

练练嘴皮子

城南有个面铺门冲南

城南有个面铺门冲南，
门上挂着一面蓝布棉门帘，
摘了蓝布棉门帘，
看了看，面铺门冲南；
挂上蓝布棉门帘，
瞧了瞧，面铺还是门冲南。

语言小星星

悲伤、低沉的氛围一般出现在令人悲伤的事情发生的时候。比如，和亲人、朋友的分离，努力很久却没有达成自己的心愿，受到别人的批评特别难过，等等。

通常来说，烘托这种气氛往往应采用“抑”的方式，音量和情绪都比较低。有时为了强调悲伤的感情，还会将语速放到很慢的状态。

请用下面的例子练习一下如何烘托悲伤、低沉的气氛。

1.沉香在夜里常常想念自己的妈妈，他经常对天上的月亮说：“妈妈，你在哪啊？你为什么不来看看我呀？我是你的小沉香啊！我想你啊，妈妈！”他常常这样说着说着就睡着了，睡梦里的他常有泪水从眼角滑落。

2.曹植在自己哥哥的逼迫下写出了《七步诗》：“煮豆燃豆萁，豆在釜中泣。本是同根生，相煎何太急。”他因此不会被哥哥杀掉，但他心里却一点儿都不高兴。他实在想不明白，为什么自己的亲兄长要千方百计地杀掉自己。

3.被皇帝取消了官职之后，翟公的家已经很久没有人来拜访了。翟公来到门口，看到柱子上因为太久没有打扫已经结起了蜘蛛网。他叹了口气说：“唉，现在我家的门前这样冷落，我看就是张起网来捕鸟也完全可以啊！”

听嘉庆叔叔讲故事

《搜孤救孤》是个令人悲伤的故事。从头到尾几乎全都沉浸在一种低沉的压抑的气氛中。这个故事主要采用的“抑”的技巧来表现。但是，需要注意的是，表现悲伤的气氛也不能从头到尾都放慢语速、压低声音，这样的话会让听故事的人很难接受。同表现高兴的气氛不能一味上扬一样，表现悲伤的气氛也不能一直压抑。在低沉的氛围下，也需要有抑扬顿挫。

请你先听听嘉庆叔叔是如何讲这个故事的。如果是你来讲，你会怎么讲？

扫二维码
听嘉庆叔叔讲故事

热闹、混乱的氛围

故事9

木兰奇谋

北魏时期，北方匈奴来犯。替父从军的花木兰带兵攻打摩天岭上的敌兵，可是这摩天岭地势险峻，久攻难下。

花木兰带兵一连攻了几次都攻不上去，只得把兵马先驻扎下来。她整日里坐在大帐里闷闷不乐地想计策，可总想不出好办法。

一天，花木兰率领将士来到摩天岭对面的二龙山上观察地形，看见一群羊在陡峭的山上蹦来跳去，不禁叹道：“人如果有羊那样爬山的本领该多好啊！”

小朋友，你知道吗，这羊啊——尤其是山羊非常善于攀爬岩石峭壁。

又一天夜里，花木兰带士兵打着灯笼去查哨，突然传来“咩……”的一声羊叫。她忽然想道：“这些羊说不定能帮我攻破摩天岭呢！”

第二天，花木兰便让兵卒四处买羊，这一买就是好几千只。然后，花木兰在二龙山顶建了一个羊圈。不过，那与其说是一个羊圈，不如说是一座圈羊的城堡。花木兰又打发人找来扎纸匠人日夜赶糊灯笼。接着，她在附近遍访当地山民，找到了一条通往摩天岭的山顶的小路。

在一个漆黑的夜晚，阴云密布，天上看不见月亮，也没有一点儿星光。屋外，如果不拿灯笼火把，简直伸手不见五指。花木兰让士兵们在每只羊角上挂上灯笼，这样一只羊身上就有两只灯笼，从远处看就像是两个士兵拿着火把并排走。如此一来，这几千只山羊聚在一起远看上去就像是一支上万人的队伍。

山羊们开始漫山遍野地往摩天岭跑去，匈奴守兵一见，虽然看不到士兵，但是成千上万的“火把”是看得出来的。他们认为，有火把就一定有军队，有军队要来攻打他们了，于是便从山上往下扔圆木和大石头。山羊一见有圆木、巨石滚来，有的吓得往山洞里逃，有的顺着陡坡往上跑。

这可把匈奴守兵的首领吓坏啦！他心想：“这山道尽是悬崖峭壁，人是根本不可能上来的。他们怎么能登险石而上？而且最令人害怕的是他们还拿着火把。木头和石头完全砸不着他们！难道是天兵来袭？！”

一看这阵势，匈奴兵自己先乱了阵脚。人声鼎沸中也不知道是谁喊了一声：“快跑啊，天兵天将来啦！”众守兵本来就疑神疑鬼，这一喊就像是一锅烧得滚开的油浇了一瓢凉水，一下子就炸开了。这些匈奴兵有的往山上跑，有的抄小路往山下跑，有的干脆趴在地上不动了……哪还有人再往山下扔石头和木头啊。守将拼命地喊：“都给我站住，谁也不许跑！”可是根本没有人听他的。

花木兰带着军队，乘机从小路攻了上去。

眨眼间，整个山上，喊杀声、哭号声、兵器的碰撞声、山羊的叫声混成一团。

此时的匈奴兵早已经没有了作战能力，很快就被杀死了一多半。

练练嘴皮子

日头、石头、舌头和指头

天上有个日头，

地下有块石头，

嘴里有个舌头，

手上有五个手指头。

不管是天上的热日头，

地下的硬石头，

嘴里的软舌头，

手上的手指头，

还是热日头，硬石头，

软舌头，手指头，

反正都是练舌头。

语言小星星

渲染热闹、混乱的氛围对于语言表达技巧的要求是比较高的。一般来说，所需要描绘的事物较多，内容较杂，为了达到烘托氛围的效果，往往语速也会稍快一些，但同时还需要将所表达的内容表达清楚，所以对吐字的要求也比较高。而往往像这样的段落，多是一个故事的高潮或最引人入胜的地方。这些地方讲得好，很容易取得好的效果，也最彰显一个故事讲述者的演讲能力。

小朋友们，如果你想把热闹混乱的氛围讲好的话，可以多多练习嘉庆叔叔教你的绕口令以及那些训练气息的小游戏！

请用以下几个小例子练习如何烘托混乱、热闹的气氛。

1.托塔李天王一声令下，十万天兵天将瞬时冲向花果山。所有的猴兵也不甘示弱迎了上去，有的在山上打，有的在水里打，有的在树上打，甚至有的还钻进了水帘洞去打。猴兵们能使兵器的使兵器；没有兵器的就搬石头、掰树枝，有的干脆拿牙咬；有水性好的就把天兵天将往河里拖。整个花果山天昏地暗，飞沙走石。

2.小明回到家打开门一看，被眼前的景象给吓傻了。妈妈的高跟鞋飞到了大衣柜上。爸爸的衬衫被撕成一条一条地摊在地上，上面还洒上了橘子汁。书桌上的墨水瓶摔碎在地上，墨汁把一大片地板染成了黑色。此时，小狗旺财用它蘸了墨汁的脚踩在床上，嘴里叼着一个洗衣粉袋子正在摇头晃脑，满床都是洗衣粉。小明一看就明白了，这一定都是旺财干的好事！

只见他抽弓搭箭，百发百中。正当陈尧咨因为自己的好箭法而扬扬得意的时候，只听见一个苍老的声音说：“这样的箭法恐怕没有什么值得炫耀的吧？”

听到这个声音，在场的人们和陈尧咨一起循着声音看去，他们发现这声音来自一个挑着一副卖油的担子的老人。

陈尧咨很不高兴地说：“这位老人家，难道你也懂得射箭吗？”

老人慢条斯理地将身上的担子放下，说：“箭法我是不懂，但我看你的箭法也没有什么高明的啊。无非就是练习得多，手法熟练而已嘛。”

陈尧咨听了这话更不高兴了，他质问这个卖油的老人说：“你怎么敢轻视我的箭法呢？”老人说：“凭我倒油的本领就可以懂得这个道理。”陈尧咨和身边的朋友听老人这么说，都嘻嘻哈哈地乐出声来：“倒油？倒油还需要什么本领啊！”

老人并没有理睬他们，只是从容地从卖油的担子上取下一只葫芦，把葫芦塞子拿掉，放在地上，然后又将一枚圆形方孔的铜钱平放在葫芦口上。做完这些，卖油老人拿出一个油勺舀了一勺油将手腕扬高，很轻易地一翻腕子，只见那油勺中的油就像长了眼睛一般，直接落入葫芦口里。整个过程，油勺没有一丝晃动，没有一丝停滞。周围的人看到这个场景，一下子都愣住了，没有一个人说话，都伸长了脖子，瞪大了眼睛，张开了嘴巴……整个院子除了那勺子里的油落入葫芦的声音，再听不到任何其他动静了。

等整勺油倒完之后，老人拿起了葫芦口的那枚铜钱，放到众人面前。这时，大家才发现，这枚铜钱的方孔上干干净净，没有一丁点儿油星。

看到这里，陈尧咨真是心服口服，他深深地向这位卖油的老人家鞠了一躬。

练练嘴皮子

紫瓷盘，盛鱼翅

紫瓷盘，盛鱼翅，

一盘熟鱼翅，

一盘生鱼翅。

迟小池拿了一把瓷汤匙，

要吃清蒸美鱼翅。

一口鱼翅刚到嘴，

鱼刺刺进齿缝里，

疼得小池拍腿挠牙齿。

语言小星星

用语言来烘托安静的氛围，对于小朋友来讲主要的难点在于，不知道该如何着手，是不是只是简单地说“这里一切都很安静，什么声音也没有”就可以了呢？

其实，讲述安静的氛围和热闹的氛围在语言表达的技巧上，方法都是相通的。热闹混乱的氛围，是静下心来一件一件地描述混乱的事物，这叫动中有静。而安静的氛围呢？就是把安静的环境中的声音进行重点详细的描述，这叫静中有动。

看到这里，有的小朋友可能有点儿糊涂了。安静的环境中怎么会有发出声音的事物呢？那还能叫安静吗？先听嘉庆叔叔给你举个例子啊！比如，考场上，同学们都在认真地答着卷子，只能听见笔尖在纸上发出的沙沙声。小朋友，你看这里的“笔尖在纸上划动的沙沙声”就是只有在特别安静的环境中才能听见的声音。平时，不太安静的环境下，是根本不可能听到笔尖在纸上划动的声音的。所以，强调这个“沙沙”声，实际上是在强调环境之安静。

小朋友，你明白了吗？一般来说，在表现安静的氛围时，总能通过描述发出声音的事物来表现，这就是静中有动。静中有动的事物，有些是真实存在的，有的则是想象出来的。

在强调静中有动时，语速上可以慢一些，音量可以适当降低，表情上可以处理成仿佛是在和听众一起聆听。

找找下面每句话里“静中有动”的声音是什么，看看它们是怎样来烘托安静的气氛的。

1.小明在家里认真地写着作业，屋子里安静极了，仿佛一根针掉在地上，都能听得非常清楚。

2.半夜里，孙悟空偷偷来到妖精的洞里，想要找寻师父的下落。他轻轻地踮起脚尖，不敢发出一点儿声响，只能听见远处被绑着的猪八戒打呼噜的声音。

3.从前有个人，他看上了一户人家门前的一个铃铛，想要偷来。到了晚上，他趁别人都睡着了，就悄悄走到这户人家门前。他轻轻地举起手，慢慢地去摘那个铃铛。这时周围一个人也没有，他仿佛能听到自己心脏跳动的声音。

听嘉庆叔叔讲故事

在《卖油翁》这个故事里，同样有静中有动的描写，小朋友，你找到了吗？对了，就是“勺子里的油落入葫芦的声音”。

在这个故事里，为了烘托安静的氛围，还对周围人的表现有非常生动的描写，小朋友们要重点关注一下。这样你就能把这个故事讲得更加引人入胜，让人身临其境。

下面请你先听听嘉庆叔叔是如何讲这个故事的。

如果让你来讲这个故事，你会怎么讲？

扫二维码
听嘉庆叔叔讲故事

紧张的气氛

故事11

图穷匕见

战国末年，秦国想要消灭其他国家。燕国的太子丹佯称要向秦王献上城池和土地，实际上是想让勇士荆轲借这个机会刺杀秦王政。

和荆轲一同前去的还有一个小孩名叫秦舞阳，可是当他们来到秦王的宫殿门口时，秦舞阳却害怕得浑身发抖。没办法，荆轲只能自己一个人拿着地图，来到秦王的跟前，躬身跪倒，敬呈所献城池的地图。

秦王对荆轲说："让我看看，你们要献给秦国的城池和土地。"荆轲一边站起来，一边把地图卷轴的一端交给秦王。

秦王用左手接过卷轴看了起来。荆轲随即开始给秦王讲解地图上画的城池和土地都有哪些。秦王越看越高兴，可是荆轲却越来越紧张，因为他知道，这地图的卷轴里暗藏着一柄匕首。

这把匕首不仅锋利无比，而且还上了毒药，哪怕只是在人身上划出一个小小的伤口，受伤的人也会立刻死亡。

表面上荆轲细致地介绍着地图，实际上，他已经把所有的注意力都放在了卷轴另一端的那柄匕首上。荆轲用两只手慢慢地将卷轴一点儿一点儿打开，他仿佛随时能够听得到自己的心跳声。

终于，整个地图马上就要讲完了，卷轴也打开到了最后的部分，很快那柄上了毒药的匕首露了出来。秦王还没从看地图的兴头里缓过神来，荆轲已经拿起匕首朝秦王刺去。秦王"啊"的大叫一声，闪身躲开了这一刺。紧接着荆轲又狠狠地扎了过来。

秦王在地上打了一个滚，荆轲又没扎到。之后，秦王开始拼命地绕着大殿里的柱子跑，荆轲在后面紧紧地追赶，一边追还一边用匕首继续刺向秦王。好几次，匕首都已经划到了秦王的衣服，却始终没有划伤他。因为跑得太快，秦王根本来不及拔出身上的佩剑。

因为一切来得太突然，秦王的侍卫都吓傻了，直到秦王大叫道：“你们快来救我！”秦王手下的一个御医才举起了手中的药袋子砸向荆轲。荆轲手一挥，将药袋子打落在地，这一下却给了秦王拔剑的机会。秦王一回身用宝剑刺中了荆轲的大腿。

随即，好几个卫士快步上前举起长矛杀死了荆轲。

练练嘴皮子

白老八门前栽了八棵白果树

白老八门前栽了八棵白果树，

从北边飞来了八个白八哥儿不知在哪儿住。

白老八拿了八个巴达棍儿要打八个白八哥儿，

八个白八哥儿飞上了八棵白果树，

不知道白老八拿这八个巴达棍儿打着了八个白八哥儿，

还是打着了八棵白果树。

语言小星星

营造紧张的气氛难度比较高，因为它的表现形式并不是单一的。紧张本身是一种比较压抑的状态，一般情况下主要采用“抑”的技巧，音量、情绪都比较低。但在紧张的气氛下，却有两种截然相反的环境可能性，说白了，就是在紧张的情况下，周围的环境既可能是非常安静的，也可能是非常混乱的。

请用以下例子练习紧张气氛的营造与烘托。

1.考场上，小明坐在座位上等待老师发卷子。虽然他非常用功，所有的知识点都记住了，但这个时候，他的心还是一直跳个不停。他心里就像是有一只小鼓在“咚……咚……咚……咚……”地敲个不停。

2.孙悟空举起金箍棒就砸向二郎神，二郎神把手中的兵器一横挡住了金箍棒，两个人就这样打在了一起。这两个人打得别提多精彩了。两个人的动作实在太快了，人们都看不出来哪个是二郎神哪个是孙悟空了，只见两个人影晃来晃去，两个兵器打在一起当当直响。花果山的猴子们给孙悟空喊好，天兵天将给二郎神助威，在场的人也都在为他们俩捏着一把汗！

3.走在钢丝上的小丑手里拿着一根长长的平衡杆。此时的他正站在十层楼高的空中，稍不留神，就可能摔下来。所有的人都不敢出声，生怕有什么动静会分散他的注意力。人们仿佛能够听到他的汗水从空中掉落地面的声音。

听嘉庆叔叔讲故事

在《图穷匕见》这个故事里，前后共有两个地方需要用紧张的气氛来渲染。第一个地方是荆轲在为秦王展开地图的时候，这里的紧张氛围是在安静的环境下展开的；第二个地方是荆轲追赶秦王的时候，这里的紧张氛围是在混乱的环境下展开的。请小朋友们注意，这两个地方在表现的时候，所需要的音量、语速和情绪是不太一样的。

在讲第一个地方时，注意静中有动的关键表述是“他仿佛能听到自己的心跳声”，需要重点突出；在讲第二个地方的时候，从“秦王大叫”到“逃跑”，再到“荆轲去追秦王，用匕首连刺几次，最后被秦王刺中，被士兵杀死”整个过程，需要逐字逐句清晰地展现，最好能“动中有静，有条有理”地表述。

下面请你先听听嘉庆叔叔是如何讲这个故事的。

如果让你来讲这个故事，你会怎么讲？

扫二维码
听嘉庆叔叔讲故事

综合训练

故事12

黔驴技穷

从前，有人把一头毛驴从内地带到了黔地（现在的贵州）。最初，这头毛驴给一家豆腐坊磨豆腐。

有一天，主人没有把门拴好，毛驴偷偷地溜了出去，来到了一个山脚下。这里有无边无际的青草，有流淌的山泉和瀑布，山上还有茂密的森林，那景色别提多美了。毛驴看到这里这么美，高兴得在地上直打滚儿。它高兴地大叫道：

“碧水青山景色优，山泉瀑布水自流。

遍地青草我吃不够，一生一世不犯愁！”

它正高兴着的时候，突然从森林里窜出一只大老虎。一看见老虎，毛驴可害怕了，它以前只在年画里见过老虎，听说过老虎是百兽之王，专吃小动物。毛驴刚要跑，发现有点儿不对劲，那老虎好像发现了它，在一点一点地往后退。毛驴明白了，这老虎一定是没见过毛驴。想到这，毛驴不仅没有后退，反而往前走了两步，这一下可把老虎吓了一跳。老虎想：这是什么动物啊，从来没见过，怎么见了我不仅不跑，反而往前走啊？

这时毛驴高叫道：

“我两耳尖尖四腿长，终朝每日在山冈。

昨天吞了两只虎，不够又吃了四只狼。”

老虎一听这话吓得转头就跑。一看老虎跑掉了，毛驴可乐坏了，高兴得在山坡上又打起滚儿来。

话说老虎正在林子里跑，突然听到有声音叫它："老虎大哥，老虎大哥！你跑什么呀？"

老虎循声看去，原来是一只狐狸。老虎一边喘着粗气一边对狐狸说："刚才山上来了一只怪兽，说是能吃虎吞狼，可把我吓坏了。"

狐狸听后想了想，说："老虎大哥，我不相信在这森林里，还有比您更厉害的猛兽。咱们俩再回去看一次吧。"

老虎说："我可不敢。"

狐狸接着说："老虎大哥，您要是害怕的话，咱俩把尾巴拴到一起，去找那怪兽，它要是真的那么厉害，咱们俩一起跑。要是它没那么厉害，咱们俩一起上，把它吃了怎么样？"

老虎一听，觉得这个主意不错，就把自己的尾巴和狐狸的尾巴拴到一起，然后又跑了回去。

老虎和狐狸很快就发现了正高兴得满地打滚儿的毛驴。同时，毛驴也看到了它们。毛驴当时就明白了，这是狐狸带着老虎回来吃自己的。毛驴心想，不行，我得先喊上两句，把老虎吓跑再说。于是，它冲老虎和狐狸一挺胸膛，高叫道：

"我耳朵大来鼻子白，叫声狐狸你才来！

昨天许我两只虎，怎么今天就牵一个来？"

老虎听了这几句话，"嗷"的一声，心想：原来我是上了狐狸的当啦，它是这只怪兽的帮手啊。于是，老虎发了疯似的就往森林里跑啊。它根本不顾尾巴上还拴着的那只狐狸。狐狸被奔跑的老虎连拖带拽地没几下就给路上的石头撞晕了。在跃过一道山涧的时候，狐狸的尾巴断了，随后摔下了山涧。

回到林子里，老虎见毛驴没有追来，在一棵树旁趴下，呼呼地喘起了粗气，心脏“怦怦怦”地跳个不停。

这时，老虎又听到头顶上有人叫它：“虎大王，虎大王！你这是怎么了？”老虎抬头一看，原来是猴子。老虎叹了一口气说：“哎，这个林子我是待不下去了。”

猴子一听觉得奇怪：“虎大王，谁不知道您是百兽之王啊，您怎么会待不下去呢？”老虎就把刚才的事情跟猴子说了一遍。猴子听后，问道：“您说的这个怪兽长什么样啊？”

“嗯，它长着长长的脸，尖尖的耳朵，浑身黑黑的，只有肚皮和四个蹄子是白色的。叫起来的声音可大了！”老虎依然很恐惧的样子。可是猴子听后，却哈哈大笑起来：“虎大王，您说的这个怪兽怎么好像是毛驴啊！”

“毛驴？”

“没错，毛驴！我去城里的时候见过。这毛驴完全是骗您呢！它是吃草的，根本不可能吃老虎。”猴子看到老虎还是将信将疑，

接着说："虎大王，您有没有发现，那毛驴只是大声喊，却从来没有追过您？"

老虎一听点了点头。

猴子接着说："您跟我再去一趟。要是这毛驴真的吃肉，您就把我吃了。要是它不敢吃您，您就一口上去咬死它。"

老虎听了猴子的话，又跑了回去。那只毛驴正在那打瞌睡呢，听见远处传来的脚步声，睁开眼睛，看到老虎和猴子在一起。毛驴还想用老办法，把老虎吓跑，于是清了清嗓子，高声叫道：

"我昨天晚上没吃饱，今天正把老虎找。

连虎带猴儿一块吃，你们俩一个也跑不了。"

老虎一听，这怪兽说得一次比一次厉害，刚要逃跑，猴子猛然一声大喊："别跑，虎大王，你看看，它往这追来了吗？"

老虎定了定神，瞪着毛驴，那毛驴根本没动地方。这一下，毛驴可傻眼了，因为它知道猴子识破它了，于是就有些心虚，连连后退。

退了两步后，老虎明白了，原来猴子说的是真的，这是头毛驴。猴子又叫道："虎大王，你扑上去吃了它，您还是山中大王！"那老虎一听有理，于是大吼一声："嗷——"那毛驴怎么会是老虎的对手，被老虎一口咬住了屁股。

别看屁股疼得受不了，可毛驴嘴上还没停下：

“小小老虎你太猖狂，咬得我屁股疼得慌。

明天咱俩再算账，山中的野兽我全吃光。”

小朋友，你们看，到这个时候毛驴还在吹牛呢！

练练嘴皮子

一位爷爷他姓顾

一位爷爷他姓顾，

上街打醋又买布。

买了布，打了醋，

回头看见鹰抓兔。

放下布，搁下醋，

上前去追鹰和兔，

飞了鹰，跑了兔。

打翻醋，醋湿布。

故事练习所

按照以下思路和为《黔驴技穷》这个故事里的角色设计语言和动作。

1.这个故事里，一共有几个人物？分别都是谁？

2.这几个人物说话都有什么特点呢？

3.那头毛驴前后一共作了几首诗？分别是在什么时候作的？作每首诗的时候，都是什么气氛？

在这个故事里，一共有4个人物，它们分别是：

1.毛驴：它最喜欢作诗，也喜欢说大话来唬人。但它很聪明，面对危险的时候能够找到方法解救自己。不过它不懂变通，面对不同的对象时总是使用一个方法，所以总有露馅的时候。

2.老虎：它是百兽之王，爱猎杀小动物，没见过毛驴，没什么主见，很容易听信别人的主意。

3.小狐狸：没有见过毛驴，却在面对问题的时候，懂得寻找方法来解决。不过它的问题是，没有提前想好“如果毛驴用大话再一次把老虎唬住该怎么办”。

4.小猴子：山里唯一见过毛驴的小动物，它说服了老虎再一次回去见毛驴，并且想好了“如果毛驴还用大话唬人该怎么对付”。

小朋友，根据上面的分析，你来思考一下，每个小动物的语言各有什么特点。

另外，小毛驴前后一共作了五首诗，分别是：

1.刚刚从豆腐坊跑出来，来到山下时，看着青山绿水非常高兴，毛驴作了第一首诗。这时故事的氛围应该是轻松、欢乐的。

2.第一次看到老虎的时候，毛驴仗着胆子作了第二首诗，吓跑了老虎。开始时它心里是紧张的，后来看到老虎跑掉了，转而特别高兴。

3.第二次看到老虎的时候，毛驴心里很有底气地作了第三首诗。这一次，它不仅吓跑了老虎，还连带把小狐狸给摔下了山涧。

4.第三次看到老虎的时候，毛驴心里没有了底气，因为它知道猴子是见过它的，所以当时的气氛是紧张的，在作完了这首诗的时候，被猴子戳破了谎言。

5.在被老虎咬了屁股的时候，毛驴作了最后一首诗。

听嘉庆叔叔讲故事

小朋友，根据你对这个故事的理解，先把故事从头到尾简单描述一遍，再用你设计的每一种小动物的声音和每一种氛围的营造方法把整个故事讲出来吧！

当然，你也可以先听一听嘉庆叔叔是如何讲这个故事的。

扫二维码
听嘉庆叔叔讲故事

第四章

故事的结构

故事的开端（一）

故事1

毛遂自荐

战国时期，各诸侯国之间战乱纷纷。

有一年，秦国的军队围攻赵国的都城邯郸。赵国的公子平原君打算去楚国寻求救援。当时，平原君手下有很多门客，各有不同的本领，都在等待时机建功立业。这一次，事关重大，平原君真的没有把握能劝动楚国派兵帮助赵国。于是，他准备带领20个门客，让他们在关键时刻为自己出力。

可是挑来挑去，挑了19个，还差 1 个。正当平原君不知道该选谁好的时候，有一个人走了过来，施礼说道：“在下毛遂，愿意和公子前往楚国。”平原君一看这个人，心里想：“这个毛遂在我这里住了3年，从来没有见过他有什么才能，一个平庸之人，带着他有什么用呢？”

毛遂见平原君露出轻蔑的表情，接着说：“公子，在下在您这里3年没有建功立业，并不是在下没有能耐，而是从来没有机会让在下施展才华。这次随您去楚国，或许在下能助您一臂之力。”平原君见他信心如此坚定，于是就答应了他的请求，带他一起去了楚国。

到了楚国之后，不出所料，楚王并不想派兵支援赵国。平原君和楚王在楚王宫内谈了整整一个上午，楚王还是没有答应。

包括毛遂在内的20个门客都安静地等在外面。其他门客中有人想看毛遂的笑话，对毛遂轻蔑地说：“毛遂，看来公子在里面一定是遇到了难处。你不是常说自己没有机会展示才华吗？这个时候正是机会呀，你怎么不进去呀？”

毛遂没有答话。他手里握着佩剑，只身闯进楚王和平原君所在的殿内。殿门口的士兵实在没有想到有人敢这么闯进来，一时间竟然没有拦住。毛遂大踏步来到殿内，执剑对楚王说：“我现在离你不到十步，谁救你都来不及，你的生死就在我的手中，你必须听我说话。”

这个举动就连平原君也吓了一跳。楚王看到这个人如此有勇气，而且看得出，这个人并不是真的想加害他，而是有话要说，于是示意让毛遂说话。毛遂得到了说话的机会，随即有条不紊地阐明了当下楚国、赵国和秦国之间的形势，并着重强调了这个时候楚国如果出兵救援赵国，并不是在救赵国，而是在维护楚国自己的尊严和摆脱楚国未来可能存在的危险；如果不救赵国，楚国必将成为下一个被秦国灭掉的国家。听了毛遂这一番话，楚王终于决定派兵帮助赵国。

扫二维码
听嘉庆叔叔讲故事

后来楚国和赵国联手击退了秦国的军队。

平原君回到赵国后，把毛遂奉为最高贵的宾客。从此就有了毛遂自荐的成语。

练练嘴皮子

酒换油

一葫芦酒九两六，

一葫芦油六两九。

六两九的油，

要换九两六的酒，

九两六的酒，

不换六两九的油。

语言小星星

一个故事要有一个好的开头，才能够让听众在最短的时间进入故事的情境中，跟着故事的情节一起喜怒哀乐。

其实讲好一个开头并不难，只要学会常用的讲述故事开头的方法就可以啦！

我们下面来学三个故事开头的方法：

一、开门见山法

开门见山法就是开头第一句话就直截了当地把故事的主要要素介绍出来。这是最常见的开头方式。一般地，只要把故事的时间、地点、人物以及事件的起因告诉大家，这个开头也就讲好了。比如：

1.在很久很久以前（时间），有一个魏国人（人物），要去魏国南边的楚国做生意（事件的起因）。（《南辕北辙》）

2.唐朝时（时间），有一个大诗人名叫李白（人物），他小的时候可不是很好学，非常贪玩（事件的起因）。（《铁杵成针》）

3.战国时期（时间），南方有一个国家叫夜郎国（地点）。（《夜郎自大》）

二、介绍人物法

大部分的故事都至少有一个主人公，也就是整个故事的情节都是围绕他的行为推进的。讲故事的时候，我们就可以用介绍这个主人公的方式来开头。这个方法可以让听众很快和故事的人物建立起感情，产生聆听的兴趣。比如：

1.战国时期，越国国王勾践是一个非常勇敢、坚强的人，他把国家治理得非常好。可是在一次战争中，他却输给了吴国。（《卧薪尝胆》）

2.古时候，有一个财迷总想着一夜之间变成富翁。有一天他做了一个奇怪的梦。（《一叶障目》）

三、提出问题法

大多时候，故事的情节之所以会吸引听众，原因就在于故事里的很多问题需要靠情节的推进才能得到解答。如果你能够把这些问题找出来，在故事的开头就先向听众进行提问，以让听众跟着你的故事来一步一步寻找答案，这样讲故事的效果非常好，比如：

1.朋友，你知道蛇的样子吗？是没有脚的，但我们今天讲的这个故事偏偏叫作“画蛇添足”，这是怎么回事呢？（《画蛇添足》）

2.小朋友，你能分得清鹿和马吗？有一个人他指着一头鹿，非要说是马。他可没有近视眼，也没有犯糊涂，那这又是为什么呢？来听我的故事吧。（《指鹿为马》）

3.小朋友，你有没有想过？人是从哪里来的？第一个人是怎么出现的？他出现的时候，这个世界是什么样子呢？我下面的故事将告诉你答案。（《开天辟地》）

提出问题法是非常容易产生共鸣的开头方法，但对小朋友而言，掌握的难度也比较大。它需要我们对整个故事的情节推进非常清晰，并且理解要特别深入。可以通过多练习来不断提高。

使用提出问题法，需要掌握的三个技巧：

技巧一：找到故事中看似不合理的情节。在每一个故事中一定有一些看似不合理的情节，比如《狐假虎威》中，老虎跟着狐狸走；《买椟还珠》中，有人付了钱却只要匣子还回了珍珠；《惊弓之鸟》中，不用射箭只弹一下弓弦，飞翔的鸟就会掉下来……找到这些情节，并用几句话概括一下，就是很好的开头方式。

技巧二：提问题时，隐去主人公，更有悬念感。比如《太公钓鱼，愿者上钩》：“有的人居然用直钩来钓鱼，这是怎么回事？”再如《揠苗助长》：“有的人明明想让麦苗长得快点，却把麦苗给害死了，这是为什么呢？”

技巧三：同一个故事可以采用不同的问题来开头。比如《卧薪尝胆》，方式一：为什么有的人放着舒服的床不睡，却要睡在一堆柴火上呢？方式二：一个打了败仗的国王，怎样做才能反败为胜呢？再比如《退避三舍》，方式一：有人在打仗的时候不是下令让士兵们往前冲而是让士兵们往后退，你知道这是怎么回事吗？方式二：有的人打起仗来主动往后退，却最终赢得了战争，你知道这是怎么回事吗？

故事练习所

1.请给《毛遂自荐》这个故事设计三种不同的开头方法。

（比如，开门见山法、介绍人物法和提出问题法。）

2.选择一种你最喜欢的方法作为开头来给父母讲讲《毛遂自荐》这个故事。

故事的开端（二）

故事2

邯郸学步

战国时期，燕国有一个年轻人听说赵国都城邯郸的人走路的步伐特别好看，便想去邯郸学习人家走路。

当他到了邯郸之后，发现这里每个人走路的样子都不一样，但都非常好看，便一个一个地学了起来。

他先是看到一个大汉走起路来步子迈得很大，走路时两臂一前一后甩着，非常威武。他就悄悄地跟在大汉身后，抡起胳膊，大踏着步子。但走了没两步，他就跟不上了，因为他的个子没有那么高大，步伐也就迈不了那么大。

之后他又看到一个小姑娘，走起路来就像是柳树在微风中轻轻摇动一样，非常好看。他便学起那个姑娘，双手叠在一起放在腰的右侧，轻轻地扭动胯骨，迈开细小的步子。可是走了没多会，他就累得不行了，腰也疼得不行。

好不容易缓过来，他又看见一个老者，长着长长的胡子，迈着不大不小的方步，走得特别缓慢，显得非常有学问，让人一看就是很值得尊敬的人。于是他就跑上前去学起来，但没走多久他就觉得自己实在学不会那慢条斯理的样子。

就这样，他看见谁就想学谁，但学谁都学不像。

到最后，他居然连自己当初是怎么走路的都给忘了，两条腿完全不听使唤，甚至最后他只好爬着回了家。

扫二维码
听嘉庆叔叔讲故事

练练嘴皮子

糖和缸

小江拿着一包糖，

小方提着一只缸，

上楼梯，脚一滑，

打翻了小江手中糖。

小方慌忙来帮忙，

拾起糖，装进缸，

缸里装着一包糖。

小江小方端起缸，

吃了糖，把楼上。

语言小星星

通过《毛遂自荐》这个故事，我们学习了三种开头的方法，下面我们再学三种，如果你能够熟练运用的话，你讲的故事一定能够非常快地吸引听众的注意力。

这三种新方法分别是：倒叙法、细节描写法和开篇点题法。

一、倒叙法

一般来说，讲故事都是按照情节发生的时间顺序一点一点展开讲下去的。可是，有的时候我们却可以倒过来讲。比如，把后面发生的故事高潮部分，先拿出来讲给大家。这样做最大的好处就是能快速地吸引大家的注意力。当听众在脑子里画上一个大大的问号时，我们再回过头来，从故事的开头讲起。

比如《东施效颦》，我们可以这样开头：

古时候，有一个姑娘叫东施，她模样长的呀——不是那么太好看。有一段时间，她从家里走出来，一看见人就捂着胸口，皱起眉头，故做可怜状。这让本来就不太好看的她更难看了。所有看见她这个样子的人都吓得远远地跑开了。那么，这个东施为什么要跑出来做出这副样子来吓人呢？这还要从头说起。

再比如《退避三舍》，我们可以这样讲：

春秋时期，有一年，晋国和楚国的军队马上要开战了。军鼓擂响之后，晋文公却下令让军队向后连退90里。晋文公身边的一位将军急忙跑来不解地问他为何要下令退军，晋文公笑了笑说："这要从4年前的一件往事说起。"

倒叙法在使用上很像提出问题法，也往往伴随着问题的提出，但不同的是，提出问题法往往不需要讲出故事的细节，而倒叙法却要从细节讲起。

二、细节描写法

一般情况下，在一个故事的开头往往采用的是由远及近、由大到小的讲述方式，实际上如果开篇就描写细节的话，很多时候也能够取得意想不到的效果。细节描写法一般可以从两种细节入手，一种是关于人的，一种是关于环境的。

关于人的细节包括：五官、表情、穿戴、装饰、动作等。比如《木兰从军》：

很久很久以前，有一个年轻的姑娘每天独自坐在织布机前，一边织着布，一边不停地叹息，脸上总是一副愁闷的神情。她的名字叫花木兰。

关于环境的细节包括声音、位置、景色、气氛等。比如《风声鹤唳》：

距今1600多年前的一天，寿阳淝水河浩浩荡荡地流淌着，河两岸聚集了大量军队，一边是苻坚带领的强秦部队，据说总共有96万人，有人说把他们的马鞭都扔进河里，就能把淝水河给截断；河的另一边是谢玄带领的东晋部队，一共只有8万人。96万人打8万人，这可不是差一星半点啊！这场仗谢玄该怎么打呢？

细节描写法对于小朋友来讲有一定难度，但只要你充分发挥自己的想象力，一定可以做到的，比如你可以问一下自己：在这个故事里有谁？这些人物长什么样子？穿什么衣服？什么表情？在想着什么？然后，再将这些问题的答案串联起来，便是最好的细节描写了。

三、开篇点题法

每一个故事都有一个中心思想。一般来说，中心思想都是在讲完故事之后，引导大家总结出来的。但如果在故事的开头就把故事要表达的中心思想告诉听众，往往也会取得非常良好的效果，可以让听众带着思考来听故事。例如：

《杯弓蛇影》：

小朋友，你在考试的时候，有没有过因为太着急没看清题目而写错答案的时候呢？其实每个人都有这种疏忽的时候，只是这种疏忽有的时候只会让人考试丢分，而有的时候却会造成更严重的后果。我今天要讲的这个故事就是因为一时大意，没看清楚，而致使主人公得了一场大病。

《东施效颦》：

我知道每个小朋友都有自己的好朋友，每个好朋友一定都有各自的优点和缺点。那我们应该学习他们的优点还是缺点呢？答案当然是优点啦。可是就有人分不清楚别人的优点和缺点，学得一塌糊涂，以致闹了大笑话。我今天要讲的故事就是一个因为学习了别人的缺点而招致不少麻烦的故事。

《买椟还珠》：

小朋友，如果在你的面前摆放了一个精美的木盒子，盒子里放了一颗珍珠。你会选择那颗珍珠呢，还是那个盒子呢？答案应该不言自明吧！然而就有人花了买珍珠的钱，却只想带走装珍珠的不值钱的木盒子。如果你想知道这是怎么回事，就来听听我下面讲的故事吧。

故事练习所

1.请尝试用以上讲的三种不同的开头方法来讲一讲《邯郸学步》这个故事。（倒叙法、细节描写法、开篇点题法。）

2.选择一种你最喜欢的开头方法来讲一个你最喜欢的故事。

情节的展开之寻找线索

故事3

守株待兔

战国时期，宋国有一个农夫。他每天的生活就是早晨到农田里耕种，晚上回家休息。如此这样日复一日、年复一年，虽然辛苦，但日子倒也过得安宁、平和。

有一天中午，太阳高高地照在大地上，这个宋国人在一棵大树下乘凉。突然从远处的林子里跑出来一只惊慌失措的兔子。这只兔子跑得非常快，一定是有什么野兽在追赶它。

宋国人看到，一眨眼的工夫这只兔子已经跑到离自己不远的地方了，不过估计是看到自己在树下，便不敢朝这里来，突然一个急拐弯，哪知这一下正好撞到旁边的一个半截的树桩子。只听得“砰”的一声，兔子当时就四脚朝天死了。

宋国人赶紧跑到树桩子前，捡起了这只兔子。宋国人当下就乐了起来。他一边乐着，一边扔下锄头，拎起兔子，回家后美美地吃了一顿兔肉。

第二天一早，人们看到这个宋国人没有到田里干活儿，而是躺在那棵大树下乘凉。

人们问他：“哎，你怎么不干活呢？”只听这个宋国人说：“我只要守在这个树桩子这里就有兔子送上门来，又何必再干活呢？”人们听了他的话笑了笑说：“那天兔子撞了木桩子实在是一件巧合得不能再巧合的事情，不可能天天发生。像你这样荒废了田地而等待一个意外的巧合，实在是太可笑了。”

扫二维码
听嘉庆叔叔讲故事

宋国人听了不以为然，继续躺在树下等兔

子。不幸的是，他等了很多天，直到他田里的庄稼都枯死了，也没再等到一只撞在树桩上的兔子。

练练嘴皮子

羊和墙

杨家养了一只羊，
蒋家修了一道墙。
杨家的羊撞倒了蒋家的墙，
蒋家的墙压死了杨家的羊。
杨家要蒋家赔杨家的羊，
蒋家要杨家赔蒋家的墙。

语言小星星

学完了讲故事如何开头，接下来我们来学习一下展开故事情节的方法。每一个故事，不管它多么复杂，多么曲折，都一定有一些元素是贯穿整个故事始终的。这些元素可能是一个人，可能是一件物品，这样的元素就是线索。

找到这样的线索，并且牢牢地抓住这样的线索才能把故事的情节讲得更连贯、紧凑，更扣人心弦。每一个引人入胜的故事的演讲过程，都一定是一个找到并抓住线索然后再向听众展示线索的过程。

如何找到故事的线索呢？

下面跟大家分享几个寻找故事线索的方法：

1.看题目

很多故事的题目就直接告诉了你故事的线索。例如，《叶公好龙》很明显就是以叶公这个人物为线索的；《皇帝的新装》这个题目则告诉我们“皇帝的新装”这个事物就是这个故事的线索。

2.看反复

故事中反复出现的人、事、物以及表现人物情感和时空的重点词或重点句也可能是线索。例如，《完璧归赵》这个故事里，整个事件都是围绕“和氏璧”的发现、争夺、保护和送回来展开的，情节里反复出现“和氏璧”。那么，“和氏璧”就是这个故事的线索。

3.看本质

有的故事不是只有一个主人公，而且并没有一件事物贯穿整个故事始终。那么我们就要看看这个故事的本质，也就是这个故事到底要给我们讲什么？比如，《鹬蚌相争，渔翁得利》这个故事，前半部分讲的是鹬和蚌的争斗，后半部分讲的是渔翁看到鹬蚌争斗的场面后非常高兴的心理活动，以及

捉了鹬拿了蚌的行动。整个故事没有明确的主人公也没有核心的事物，那么这个故事的本质就是这个故事的线索。类似的故事还有《沐猴而冠》《东床袒腹》等。

故事练习所（一）

下面我们来进行寻找故事线索的练习。

《黔驴技穷》这个故事的线索非常明显，因为它的题目告诉我们它的线索就是那头“黔之驴”。我们下面就来看一看，这个故事是不是以这头驴为线索展开的：

驴从豆腐坊跑到山上——驴在山上打滚、作诗——驴遇到了老虎——驴作诗吓跑了老虎——狐狸建议老虎再回去找驴试一试——驴再次用作诗的方法吓退了老虎和狐狸——猴子告诉老虎驴的本来面目，建议老虎再去试一次——猴子见到驴后，戳穿了它的谎言——老虎吃了那头驴。

小朋友，在这个故事里，这头驴贯穿了整个故事的每一个情节，或者说每一个情节都和这头驴有关系。即使老虎两次跑回森林，见到了狐狸和猴子的时候，身边没有那头驴，但是它们却是为了那头驴而又一次跑回了山坡。

所以，这个故事也让我们再一次看到了“线索”在故事里的一个重要特点，就是所有的故事情节一定都和线索有关系。类似的故事还有《叶公好龙》《毛遂自荐》等。

不过，用看题目的方法来找线索也不是万试万灵的。如果找到的线索在故事的某些情节里看不到它的影子或者某些情节和它无关，那么就说明，线索找错了。

比如《程门立雪》这个故事，如果你看到这个题目后就想当然地认为这个故事的线索就是那个“程门”中的程颐，那就错了。因为在这个故事里，程颐在前面的情节里根本没有出现，他是直到最后才从自己的房子里走出来的。其实，这个故事的线索是在程颐门口站立了很久的游酢（zuò）。

故事练习所（二）

我们再来看看《买椟还珠》这个故事。

看到这个题目，我想有的小朋友可能就会迷糊了，这个题目里没有人物啊，怎么确定线索呢？其实也很简单，这就用到了我们刚才提到过的找线索的第二个方法——“看反复”。

我们来看看这个故事的情节：

商人得到一颗大珍珠——为了让珍珠卖个好价钱，商人配了一个漂亮的盒子——有人看到了放在盒子里的珍珠，并且出了高价——出了高价的人，只拿走了盒子，却没有拿走珍珠。

好了，情节看完了，线索也就很明显了，从头到尾出现了很多次并且在每个情节中都被提到的就是那颗珍珠。所以，这个故事的线索就是那颗珍珠。

故事练习所（三）

我们下面再来看一个成语故事《东床袒腹》。这个故事里的“东床”指的是王羲之，但是整个故事情节里，王羲之只出现过一次而且没说一句话。故事的起因甚至前半部分根本没有提到他，他当然不可能作为这个故事的线索。所以“看题目”这个方法是无法奏效了。

我们再来试试第二个方法——“看反复”。整个故事也没有反复提到的事物，所以这个方法恐怕也不成了。那么我们就必须找到这个故事的本质。这个故事的情节是这样的：

太傅郗鉴要给女儿找如意郎君——郗鉴派人去王家相亲——仆人回来，向郗鉴回报相亲的过程——起初郗鉴并不满意，当他听到有人露着肚子相亲的时候，确定这个人就是自己要找的女婿。

这个故事从头到尾所讲的其实就是一件事：郗鉴相亲。那么相亲事件很显然就是这个故事的线索。故事的本质就是郗鉴识人的与众不同，以及王羲之的与众不同。

类似的故事还有很多，比如《沐猴而冠》《风声鹤唳》《出奇制胜》等。

故事练习所（四）

我们刚读过《守株待兔》这个故事，请找一找它的线索是什么。

关于故事线索的寻找，不应过于刻板。有的故事线索不止有一个。比如《按图索骥》的线索，可以说是伯乐的儿子，也可以说是相马这件事的情节本身；《老马识途》的线索，可以说是那匹老马，也可以说是出主意的管仲，或是军队回归齐国的事件本身。这完全要看讲故事的人如何处理。

只要小朋友能够自圆其说，并且在讲故事的过程中能够非常紧凑地围绕线索来叙述故事，就可以了。

以人物为线索（上）

故事4

啮雪吞毡

话说在2000多年前，那个时候的汉朝和北方的匈奴间的关系时好时坏。

汉武帝手下有一个大臣叫作苏武，是一个正直、勇敢且对国家十分忠诚的人。有一次，匈奴政权的新单于即位（单于就相当于匈奴的皇帝），汉武帝为了表示友好，派遣苏武率领100多人出使匈奴，持旄（máo）节护送之前被扣留在汉朝的匈奴使者回国，顺便给新单于带了很丰厚的礼物。这旄节是一种用牦牛尾巴做成的旗子，由使者拿着，代表一个国家的威严。不料，就在苏武完成了出使任务，准备返回汉朝时，匈奴内部发生了内乱。苏武和他的队伍也受到牵连，被扣留下来。

单于对苏武说："只要你背叛汉朝，向我大匈奴投降，我就能给你高官厚禄，让你一生享受荣华富贵。如果你不答应，我马上砍你的头。”苏武看着单于，说：“我苏武，生是大汉的人，死是大汉的鬼。誓死不降！”

单于听了这话，知道无论来软的还是来硬的，让苏武投降几乎都是不可能的。不仅如此，他因为苏武的气节而对苏武倍加敬重。他既不忍心杀苏武，又不想让他返回汉朝，于是决定把苏武流放到西伯利亚的贝加尔湖一带，让他去牧羊。临行前，单于召见苏武说：“既然你不投降，那我就让你去放羊，什么时候这些羊生了羊羔，我就让你回到你的大汉去。”

就这样，苏武被流放到了人迹罕至的贝加尔湖地区。很快，苏武发现单于给他的全是公羊。他知道这是单于故意刁难自己，公羊

怎么可能生出小羊来呢？自己恐怕一辈子都要在这蛮荒之地里度过了。因为在那里，单凭个人的能力是无论如何也逃不掉的。

当时，与苏武做伴的只有那根代表汉朝的旄节和一小群羊。苏武每天拿着旄节放羊的时候，心想着自己总有一天能够回到自己的国家。渴了，他就嚼一把雪；饿了，他就挖野鼠收集的野果或者吃羊皮做的毡子；冷了，他就与羊偎在一起取暖。

这样日复一日，年复一年，旄节上挂着的牦牛尾毛都掉光了，苏武的头发和胡须也都变花白了。

苏武在贝加尔湖一带一待就是19年之久。后来，匈奴又起了内乱，单于没有力量再跟汉朝抗衡，派遣使者要求和好。在这种情况下，汉朝终于把苏武接了回来。当年出使匈奴的时候，苏武是一个40岁的中年人，等他回到汉朝时已经是一个将近60岁的老人了。

扫二维码
听嘉庆叔叔讲故事

苏武手里始终攥着那根代表祖国的旄节，尽管旄节已经只剩下一根光秃秃的杆子。当苏武回到汉朝的时候，所有的老百姓都出城迎接他，大家都称他为大英雄。

练练嘴皮子

王庄卖筐，匡庄卖网

王庄卖筐，

匡庄卖网，

王庄卖筐不卖网，

匡庄卖网不卖筐，

你要买筐别去匡庄去王庄，

你要买网别去王庄去匡庄。

语言小星星

当我们确定了一个故事的线索之后，接下来就是要用各种手段或技巧把这个线索贯穿的情节表现出来，这其实就是讲故事的过程。

“人物的语言”和“气氛的营造”这两个部分所讲的就是故事情节的表现方法和技巧。

我们下面来分析一下《啮雪吞毡》这个故事的讲述过程中都会用到哪些

方法和技巧。

《啮雪吞毡》中，以苏武为线索的故事情节是这样的：

苏武被汉朝皇帝派去匈奴——苏武被匈奴囚禁——匈奴单于软硬兼施逼迫苏武投降——苏武不投降，被流放贝加尔湖——苏武在贝加尔湖地区啮雪吞毡度过了19年——匈奴内乱，苏武回到汉朝。

故事练习所

在这个故事里，主要的人物是苏武，另一个人物是逼迫他投降的匈奴单于。

苏武的人物特点：40岁左右的中年男子，善良正直，坚强勇敢。

匈奴单于的人物特点：成年男子，凶恶。

小朋友，你来想一想，这两个人物在声音上分别应该有什么样的特点呢？（相关知识参考“人物的语言”部分。）

下面咱们再来看一看这个故事里的主要气氛。在苏武被流放到贝加尔湖放羊的时候，他一个人又冷又饿，还要完成一个不可能完成的任务——让公羊下出羊崽来，所以故事的气氛是低沉而悲伤的。这样的气氛如何营造，又有哪些技巧呢？（相关知识参考“气氛的营造”部分。）

下面请你来讲一讲《啮雪吞毡》的故事吧。

以人物为线索（下）

故事5

别开生面

话说我国唐朝时期有一个著名的画师名叫曹霸。他最擅长画人物和骏马。他画的人物神采奕奕，惟妙惟肖；他画的骏马四蹄生风，就像在奔腾驰骋一般。

当时的京城有一座凌烟阁，里面供奉着唐朝开国的24位著名的功臣。但是这座凌烟阁当时已经70多年了，里面的开国功臣画像的颜色很多都已经掉落了，甚至有的画像都很难辨认了。开国功臣的光辉形象是需要被世代敬仰的，这画像都看不清了可怎么行。于是，当时的皇帝唐玄宗就找来了曹霸。

唐玄宗说："曹爱卿，朕想让你重新为24位功臣画像，你可能胜任？"

曹霸说："臣愿意接受这个使命，然而臣有一个要求。"

"哦？什么要求？尽管说来。"

曹霸接着说："我希望您允许我查阅所有24位开国功臣的史料。"

唐玄宗有些奇怪地问："朕让你画像，你只要照着原来的图像上的样貌重新画一稿不就得了，查史料有什么用呢？"

曹霸说："如果只是勾勒出所有功臣的肖像来，的确很简单。但是，人像最重要的是神采，每一位功臣对我大唐来讲都功勋卓著。如果人们只能看到他们的形象而无法感受到他们的神采，对他们来讲是非常不公的。所以臣要查阅他们所有人的史料，我要将他们的功绩通过画像来告诉所有膜拜他们的人。"

听了这话，唐玄宗十分高兴，立刻派人给曹霸送去了所有功臣的史料。

那以后，曹霸开始认真阅读每一个功臣的史料，了解他们的生平和功绩，甚至习惯和爱好。他仔细揣摩每一个功臣的衣着、神态、音容笑貌，而后又开始反复拟稿，研究每位功臣的形象动作。经过无数个日日夜夜，他终于将24位功臣的形象画在了凌烟阁的墙壁上。

唐玄宗看了之后，大为赞赏。他认为，曹霸画的功臣像重新展示了所有功臣的功勋和神态，再一次让人们领略了他们的丰功伟绩。

扫二维码
听嘉庆叔叔讲故事

练练嘴皮子

嘴和腿

嘴说腿，腿说嘴。

嘴说腿，爱跑腿。

腿说嘴，爱卖嘴。

光动嘴，不动腿。

光动腿，不动嘴。

不如不长腿和嘴，

不知是嘴说腿，

还是腿说嘴。

故事练习所

在《别开生面》这个故事里，通过使用“看反复”的方法，我们可以看出曹霸是贯穿整个故事的线索。这个故事的主要情节是这样的：

曹霸是唐朝著名画家——开国功臣的画像坏了，皇帝找来曹霸希望他恢复——曹霸答应皇帝，同时提出要求——皇帝不解，曹霸解释——皇帝同意，曹霸开始潜心研究——曹霸画出了别开生面的功臣画像。

在《别开生面》这个故事中，除了主人公曹霸之外，皇帝唐玄宗也是非常重要的人物。

曹霸的人物特点：成年男子，正直、勤于思考。

唐玄宗的人物特点：成年男子，开明，受人敬仰的皇帝。

在这个故事里，皇帝唐玄宗并没有特别明显的性格特征，但他是一个皇帝，曹霸是他的大臣，所以在语言中应表现出皇帝的尊贵、权威。（相关知识请参考“人物的语言”部分的内容。）

在唐玄宗和曹霸对话的过程中，基于两个人物的性格、社会地位的不同，除了语言本身之外，态势语、表情都会有所区别，请仔细思考后尝试讲一讲《别开生面》这个故事吧。（相关知识请参考“气氛的营造”部分的内容。）

以事物为线索（上）

故事6

盲人摸象

在很久很久以前，有一年，一个国王从很遥远的地方得来一头大象。

在那之前，这个国家还没有人见过大象。

国王一看，这大象可真是够庞大的，比最健壮的高头大马还要大出好几倍，每顿饭要吃几十斤的食物。国王心想：“这么稀奇的动物，我以前没见过，老百姓就更没见过啦。我要让我的子民和我一起来见识见识这头大象。”

于是，国王就派人把大象牵到了一个巨大的广场上，想让全国的老百姓都来看一看。很快，消息就传开了。人们纷纷来到广场参观这头大象。

这一天，负责看管大象的士兵突然听到人群中有人喊：“大人，官差大人，能不能让我们也看看这大象啊！”这士兵很奇怪，这大象不就在这里了吗？你就看呗，还喊什么呢？士兵循着声音看过去，立刻就明白了。只见人群中走过来四个互相扶持着的盲人。为首的盲人说道：“官差大人，我们兄弟四人是天生的盲人，什么也看不见。听说这有一种稀奇的动物叫大象，我们也想看看。”“你们不是什么也看不见吗？怎么看啊？”“呵呵，我们拿眼睛是看不见啦，可是我们能摸呀。拜托您让我们哥儿四个摸一摸这头大象可以吗？”士兵一看这种情况，就答应了，说：“好吧。”

于是这兄弟四人就各自分头摸了起来。

偏巧，这个时候国王正好来广场上视察。他看到四个盲人在摸大象，感觉很有趣，于是默默地看了起来。不一会儿，盲人老大说：“看到啦！看到啦！”国王发现他正摸着大象的一条腿，就问他：

“你所看见的大象是怎样的呢？”

老大说：“这大象啊，就好像一个大木桶一样。”

这时老二突然说：“不对，大哥你说错了。”

国王一看老二正抓着大象的尾巴，就问：“那你说这大象长什么样子啊？”

老二抬高了嗓门说：“这大象就像一根绳子。”

这时，摸着象耳朵的老三说：“大哥，二哥，你们俩说得都不对。这大象啊就像一个大扇子，还呼嗒呼嗒地会扇风呢。”

老四的声音最尖，他喊道：“哈哈哈，你们全说错啦，这大象既不是木桶，也不是绳子，更不是扇子。”

国王看到老四正拽着大象的鼻子，就问他：“那你说大象像什么呀？”

老四得意扬扬地说：“大象啊，就像是一条蛇，一条粗粗的大蟒蛇！只不过它不会咬人。”

听到这里，全场的人都笑了。

扫二维码
听嘉庆叔叔讲故事

练练嘴皮子

画圆圈

圆圈圆，圈圆圈，

圆圆娟娟画圆圈。

娟娟画的圈连圈，

圆圆画的圈套圈。

娟娟圆圆比圆圈，

看看谁的圆圈圆。

故事练习所

在《盲人摸象》这个故事里，通过看题目的方法，我们可以推断出“盲人”和“象”都有可能是线索，但故事的开头就提到了大象，而盲人却是在故事的中间才出现的，所以这个故事的线索就是大象。

我们把故事的情节梳理如下：

国王得到一头大象——国王决定让百姓都有机会见识见识大象——盲人

兄弟请求“看”象——皇帝询问四人“看”到大象的样子——四人“看”象，各执一词——“木桶、绳子、扇子、蟒蛇”。

《盲人摸象》这个成语故事在情节上紧紧围绕大象来展开，但要把这个故事讲得生动有趣，最大的难点还在于这个故事的人物较多，且每个人物都有自己的特点。

这个故事中的人物可以分为两个类型，一类是盲人四兄弟，另一类是旁观者——皇帝和士兵。

首先，四兄弟都是盲人，小朋友要认真思考盲人的形象如何模仿。比如，故事中每个人的语言都有各自的特点，请小朋友用不同音色的声音加以区分。（相关知识参考“人物的语言”部分的内容。）在这里嘉庆叔叔还要提醒小朋友，模仿盲人只是为了生动地讲述这个故事，绝不是取笑他们。我们千万不能拿别人的缺陷开玩笑。

其次，这个故事里有两个推动情节的旁观者，一个是皇帝，一个是看管大象的士兵。皇帝的特点是威严，看到盲人摸象时又心生好奇。士兵的特点是忠于职守。他们都是成年的男子，请小朋友根据以前学过的知识进行语言上的塑造。

好了，下面就来讲一讲《盲人摸象》这个故事吧。

以事物为线索（下）

故事7

呆若木鸡

在战国时期，斗鸡是贵族们日常生活中最常见的一项娱乐活动。所谓斗鸡就是让两只鸡在一个场子里相互争斗，最终分出高低输赢来。

当时的齐国有一任齐王便是一个斗鸡迷。那个时候，齐国有一个著名的斗鸡专家叫纪子。据说，纪子训练出来的斗鸡，每一只都是百战不败的斗鸡将军！

为了能在斗鸡场上取胜，齐王特地请来纪子帮他驯鸡。

纪子对齐王说："大王，要让在下训鸡，却也不难。只不过您要答应在下一个条件。"

齐王说："只要能训练出真正的鸡将军，我什么条件都答应你。你说吧。"

"我只求大王不要心急，需要等到我说鸡已经训好的时候才可以将它放到斗鸡场上。"

齐王说："这是自然啊，我请你来训鸡，当然是得听你的了。"

于是，纪子开始训练一只齐王最喜爱的大公鸡。

可是，齐王求胜心切，没过几天，便派人来催问公鸡训练得怎么样了。纪子说："鸡没驯好。它现在一见了对手，就跃跃欲试想要上前拼上一阵，太沉不住气，还要再等一段时间。"

又过了几天，齐王又派人来问鸡训练好了没有。纪子说："还不到火候，现在看上去，鸡虽不乱动了，但它的神采还是太过于浮躁，还不够沉稳，还要再等一段时间。"

就这样，又过了几天，齐王又派人去问。这次纪子终于对来人说：“请你告诉齐王，我已经把鸡驯好了。”

齐王一听特别高兴，就让人把纪子和那只训练好的公鸡带到斗鸡场，又让很多大臣以及王公贵胄一起过来——当然都得带上自己最善战的大公鸡。

大家都想看看这只被传说中的纪子训练出来的公鸡到底有什么能耐。

等到斗鸡时，对手的鸡被先放进了场内。只见对手的鸡又是拍翅膀又是“咽咽咽”叫，上蹿下跳，满场飞。而纪子将自己驯好的鸡放入场内时，在场所有人都大吃一惊。那只鸡就像只木头雕刻成的鸡一样，一点儿反应也没有，只用一只脚站在那里，呆呆地看着对面那只上蹿下跳的鸡。

令齐王万万没想到的是，对手那只鸡看到纪子训练的那只毫不动弹的公鸡时，竟然吓得直往后跳。突然，纪子训练的那只鸡冲天叫了两声，对手的鸡猛的朝空中蹦了几下，又扑腾了几下翅膀，就倒在地上不动弹了。原来它是被纪子那只鸡给活活吓死了。

后来，又有人放了几只公鸡进场，结果也和第一只鸡一样，大部分都没有开战就被吓坏了。也有那么两只胆子大的鸡，朝那只公鸡伸了几下爪子、扑腾了几下翅膀，可是那只鸡只是伸爪一招，就击中了它们的要害。

扫二维码
听嘉庆叔叔讲故事

这就是“呆若木鸡”的故事。

呆若木鸡的本意是褒奖那只公鸡的镇定和从容的气势。但随着时代的变迁，这个成语的意思有所变化。现在，呆若木鸡一般用来形容痴傻发愣的人，形容他们因恐惧或惊异而发愣的样子。请小朋友注意区分。

练练嘴皮子

短单刀

断头台倒吊短单刀，

歹徒登台偷短刀，

断头台塌盗跌倒，

对对短刀叮当掉。

故事练习所

成语故事《呆若木鸡》，通过看题目与看反复的方法可以看出，它的线索是斗鸡。

我们可以梳理一下这个故事的情节：

齐王酷爱斗鸡——齐王拜托纪子帮忙训练斗鸡——纪子提出训练斗鸡的要求——齐王三次催问训练斗鸡的情况——斗鸡比赛正式开始——第一场，纪子训练的斗鸡不战而胜——纪子训练的斗鸡在后面的比赛大获全胜。

《呆若木鸡》这个成语故事非常生动，引人入胜，情节上紧紧围绕斗鸡展开。要讲好这个故事，主要有以下两个难点：

1.齐王三次催问纪子训练斗鸡的情况，每次纪子的回答各有不同。

第一次："鸡没驯好。它现在一见了对手，就跃跃欲试想要上前拼上一阵，太沉不住气，还要再等一段时间。"

第二次："还不到火候，现在看样子，鸡虽不乱动了，但它的神采还是太过于浮躁，还不够沉稳，还要再等一段时间。"

第三次："请你告诉齐王，我已经把鸡驯好了。"

请在语气上区分这三次回答的不同。（相关知识请参考"人物的语言"部分的内容）。

2.在斗鸡场中，普通的斗鸡和纪子训练的斗鸡，在行为上有哪些不同。斗鸡现场的氛围，应该是热闹、紧张并存的。请小朋友在描述的时候加以注意。（相关知识请参考"气氛的营造"部分的内容。）

好了，请你来讲一讲《呆若木鸡》这个故事吧。

以事件为线索（上）

故事8

螳臂当车

春秋时期，齐国的国君齐庄公有一次带着很多人去野外打猎。齐庄公坐在车辇上，随着车子一边前进一边向外看去，只见远处的山川离自己越来越近，道路则变得越来越崎岖不平。突然，齐庄公大喊一声：“停车。”车夫急忙拉住马的缰绳：“吁……”

车夫下了车，赶紧跑到齐庄公跟前问：“不知大王为何叫小人停车？”

齐庄公指着车前面的道路说：“你快去看看，那车轮子前面是什么？”

车夫顺着齐庄公的手指看过去，发现一只小虫子正在车轮前面挥舞着两个大刀一样的爪子，好像要拦住车子的去路。车夫当时就乐了，跑回来告诉齐庄公：“禀告大王，轮子前面有一只虫子，这虫子叫螳螂。”

齐庄公接着问道："这螳螂挡在轮子前面张牙舞爪地想要做什么？"

车夫笑着说："看它那个样子啊，挥舞着两只像大刀一样的爪子，瞪着两只眼睛，好像是要用自己的胳膊挡住咱们的车辆呢！"

齐庄公思索了一会儿后，对车夫说："那你对这件事是怎么看的呢？"

车夫说："这只螳螂啊，它才有多大的力量，您的车辇光一个轮子就有上百斤重，碾压过去，它连个全尸都不会留的。它简直是太自不量力了。"

听完车夫的话，齐庄公笑了笑。可是紧接着，齐庄公说：“扶我下车。”车夫有点儿吃惊，不知道他要做什么，一下愣在原地。齐庄公又说了一句：“扶我下车。”这时，车夫才缓过神来，赶紧过去搀扶齐庄公下车。

下了车后，齐庄公慢慢走到轮子前，蹲下身来，看见那只螳螂依旧在地上挥舞着两只胳膊，看上去好像是要和齐庄公大战三百回合。

齐庄公面带微笑地伸出手去想要抓住这只螳螂，这螳螂不仅没有往后退，反而向前冲了过来，看上去是要用刀臂去割齐庄公的手指。可是这螳螂毕竟太渺小了，齐庄公把两个手指放到它身后，一下子就掐住了它细长的腰身，轻轻一提就把螳螂抓到了半空。这螳螂在半空中挣扎得十分激烈，虽然面对齐庄公这样一个巨人毫无办法，却一点儿也没有怯懦怕死的意思。

齐庄公捏着螳螂走到路边，轻轻地把它放下。回到地上的螳螂依旧挥舞着胳膊。

齐庄公转身上了车，示意车夫继续前行。

车夫一脸狐疑地赶着车继续前进。齐庄公对他说：“你知不知道，我为什么要这么做呢？”

车夫说：“大王，小人真的看不懂您为什么要这样对一只小虫子呢？”

齐庄公笑笑说：“这只螳螂虽然渺小，但是它面对强敌却没有一丝畏惧，明知道自己和敌人的力量相差悬殊却仍然勇往直前。我之所以这样对它，其实是出于对这份勇气的敬重，对勇士的尊敬啊！”

后来，这件事情传扬开去，全天下的人都知道了齐庄公是一个敬重勇士的国王。于是，当时勇敢的武士都来投奔齐国，心甘情愿听从齐庄公的调遣。

《螳臂当车》这个故事本来的含义并不带有贬义。但随着演化，“螳臂当车”这个成语越来越多地被用来形容那些自不量力的人。这点请小朋友们注意。

扫二维码
听嘉庆叔叔讲故事

练练嘴皮子

蓝教练和吕教练

蓝教练是女教练，

吕教练是男教练，

蓝教练不是男教练，

吕教练不是女教练。

蓝南是男篮主力，

吕楠是女篮主力，

吕教练在男篮训练蓝南，

蓝教练在女篮训练吕楠。

故事练习所

如果“看题目”与“看反复”这两个方法都无法确定一个故事的线索，那么就需要用“看本质”的方法来确定故事的线索。看本质的方法其实就是通过梳理故事情节来确定一个故事的核心事件或思想。

《螳臂当车》这个故事的线索不像前面的几个故事那么明显。“看题目”和“看反复”都无法确定它的线索具体是什么。我们下面先把这个故事的情节梳理一下：

齐庄公乘车出行——一只螳螂挡住了去路——车夫笑话螳螂不自量力——齐庄公却意外地下车观察这只螳螂——齐庄公将这只螳螂挪到了路边——齐庄公告诉车夫自己敬重勇士的想法——天下的勇士都来投奔齐国。

我们可以看到，在这个故事中并没有一个人物或者事物贯穿于每一个情节中。那么我们就要看这个故事的本质了，它从头到尾所讲述的其实就是它的题目“螳臂当车”这件事：开头是，齐庄公遇到“螳臂当车”的原因；接着是，车夫和齐庄公两个人面对“螳臂当车”这件事情的不同态度；最后是，齐庄公应对“螳臂当车”这件事的态度，得到了什么样的反响。所以，这个故事的线索就是“螳臂当车”这个事件。

《螳臂当车》这个故事非常生动有趣。表面上看这个故事涉及两个人物——车夫和齐庄公。但实际上还提到了第三个角色——就是那只螳螂。小朋友在讲这个故事的时候，要特别注意两个重点：

1.齐庄公和车夫的语言特点。齐庄公是成年男子，是一位国王，沉稳、成熟；语速稍慢，声音稍显粗重。

车夫虽然也是成年男子，但因为他是齐庄公的臣民、下属，语言稍显谦恭，可以选用稍快的语速和适中的音色。

2.螳螂是这个故事里非常重要的角色。因为它是这个故事的起因。虽然它在整个故事里没有说一句话，但是它的表现却给人以深刻的印象。尤其是当齐庄公下车仔细观察它的时候，它的动作特点需要我们细致描绘。我们需要用抑扬顿挫的方式着重刻画螳螂以及齐庄公对螳螂的所作所为。

好了，小朋友，下面就试着讲一讲《螳臂当车》这个故事吧！

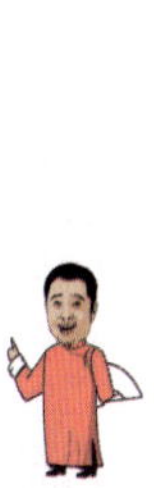

以事件为线索（下）

故事9

病入膏肓

春秋时期，晋景公身体不好，一年到头老生病，药不离口。随着年龄的增大，晋景公身体是越来越差，吃什么药都不见好。

一次，晋景公的大臣对他说：“大王，依我看，您吃了这么多药，看了这么多大夫，都不见好转，咱们晋国国内的大夫恐怕是治不好您的病了。”

晋景公听了之后，满面愁容，问大臣：“依你看，我应该到哪里去请人来给我看病呢？”

“微臣听说秦国有一位名医叫秦缓，不妨找他来试一试。”晋景公一听赶忙叫人到秦国去请名医秦缓。

就在秦缓来到晋国前一天的晚上，晋景公做了一个奇怪的梦，他梦见自己的身体里跳出了两个小孩。他们七八岁的年纪，一个身穿一身青色裤褂，头上梳着两个发髻，面色比较白；另一个身穿蓝色裤褂，头上梳着一个抓髻，面色比较黑。两个人手里都拿着一个小旗子，旗子上都写着一个“病”字。

两个小孩从晋景公的身体里出来后，落在晋景公的床前，那个面色白一点儿的小孩说：“哎，你听说了吗？国王请了秦国的名医缓来给他治病了。”另一个小孩回答道：“名医缓？那又怎么样？以前有多少大夫来给他看病，哪个不是号称名医啊，可是有哪个对付得了咱们呢？”

“你不知道啊，这个名医缓可厉害了，据说他有妙手回春的能力。如果真是那样的话，咱们不是马上就要被他除了吗？”

“你懂什么？有的病是能除得了的，有的病根本就除不了。像咱们俩现在已经到了晋景公心脏和心脏与膈膜之间的地方了，根本就没有办法可以医治了。”

“哦？要真是像你说的这样，我就放心了。”说完后，两个小孩原地转了两圈又回到了晋景公的身体里。

晋景公醒来以后想到，难道那两个小孩就是我身体里的病吗？难道我的病真的无药可治了吗？

第二天，名医秦缓被请到了晋景公的身边。只见秦缓向晋景公深施一礼后对晋景公说：“小人秦国医生秦缓见过大王。”晋景公一听是秦缓，赶忙说：“名医缓，你快来看看，本王的病还有救吗？”

秦缓抬起身来，仔细看了看晋景公的面色，又替晋景公把了把脉，最后让景公轻轻咳嗽两声。此后，秦缓轻轻躬身后退了几步，半天不说话。晋景公有些着急了：“名医缓，你快告诉本王，我的病到底怎么样了？”

秦缓慢慢对晋景公说：“请恕小人直言。您的病年深日久，已经深入了心脏以及心脏与膈膜之间，已经不是医药可以治愈得了的了。”

听了这话，晋景公一想，这话和自己昨天梦到的那两个小孩说得完全一样啊！然后，他长叹了一声：“真乃神医啊！”最后晋景公还是对秦医缓赠予厚礼，以表示感谢。

扫二维码
听嘉庆叔叔讲故事

古人将心尖的脂肪称为膏，将心脏与膈膜之间的地方称为肓。病入膏肓的意思就是说已经病到了非常严重的地步，无法再治愈了。

练练嘴皮子

瘸子挑茄子

打南边来个瘸子，
担了一挑子茄子，
手里拿着个碟子，
地下钉着木头橛子。
没留神那橛子绊倒了瘸子，
弄撒了瘸子的茄子，
砸了瘸子的碟子，
瘸子猫腰拾茄子。

故事练习所

《病入膏肓》这个故事的结构非常特殊，在这个大故事里，还包含着一个小故事，就是晋景公做的那个梦。下面我们先来梳理一下这个大故事的情节：

晋景公常年生病——大臣出主意去请名医缓——晋景公做了个梦——两个小孩出现在梦中并有一番对话——两个小孩说出晋景公的病情——两个小孩消失——名医缓说出晋景公的病情，与两个小孩在梦中所说完全相同——晋景公确定自己的病情无药可救。

通过梳理情节，我们看得出，这个故事是围绕晋景公看病这个核心事件展开的。从“晋景公生病”到“大臣出主意请名医缓”，是故事的开端；从“晋景公做梦”到“名医缓说出病情”，是故事的过程和高潮；“晋景公确定自己的病情无药可救”是故事的结尾。

《病入膏肓》这个故事在情节和人物塑造上，难点都比较突出。

一方面，在情节上，它的结构是一个大故事中套了一个小故事。我们讲述之前需要对情节有足够清晰的认识。

另一方面，在人物塑造上，晋景公、大臣、两个小孩、名医缓，各自都有不同的声音特点。晋景公身为一国之君，沉稳、威严，但是因为他常年有病，所以声音中必然带有虚弱。大臣是晋景公的下属，恭敬、低微。两个小孩，因为性格不同，声音也必然不同。白面的小孩消息灵通，聪明伶俐；黑面的小孩满不在乎，胸有成竹。名医缓是一位医术高明的大夫，讲话稳重，深思熟虑。

好了，小朋友，下面就请你试着讲一讲《病入膏肓》这个故事吧。

故事的结尾（一）

故事10

骑虎难下

在很久很久以前，有一个猎人去深山打猎。

这个猎人是一个身经百战的好猎手，手使一杆大钢叉，单枪匹马敢去掏狗熊的窝。

这一天，他用弓箭猎到了好几只野兔和狍子。实在是有些累了，他就躺在一棵大树下休息，不知不觉间竟然睡着了。

迷迷糊糊之中，他忽然听到不远处传来一声嘶吼，鼻子里同时闻到了一股非常腥的味道。当他慢慢睁开眼，顿时吓了一跳，浑身汗毛仿佛都竖起来了。原来，一只白额吊睛斑斓猛虎，正在离自己不到十步远的地方瞪着自己。如果自己再晚醒一会儿，恐怕就要被这老虎当点心吃了。

可是这个时候，他想跑已经来不及了。老虎看见他睁开了眼睛，先是向后一矮身子，紧接着后腿一用力，一声巨吼，向他扑来。这猎人真不愧是老猎手，虽然情况紧急但是非常冷静。他手中握紧了那杆大钢叉，看老虎到了眼前，“啊……”大喊一声向前一叉，本想这一下子肯定能叉进老虎的脖子，可是这老虎也真是不简单。只见它脖子一缩，脑袋往右一偏居然一口咬住了猎人手里的钢叉头。这一下可让猎人吃惊不小。不等猎人有进一步反应，那老虎又一声大吼，向旁边一跳，一下子把猎人手里的钢叉甩了出去。

这可坏了，钢叉脱了手，猎人身上一件武器也没有了，赤手空拳可不是老虎的对手。

眼见老虎又矮下了身子，马上就要扑过来了，猎人真是急了，身子向上一跳抓住了稍高处的一根粗树枝，两个手臂一用力，两条腿前后一荡，居然就像体操运动员一样，把自己荡在了空中。

老虎这一下扑了个空。猎人荡起身子，又用双腿夹住了旁边的树干，慢慢地爬上了大树，双脚踩在了那根粗树枝上。老虎一看猎人上了树，无论怎么跳也够不着他了，却并没有离开，居然静静地趴在了树下。

猎人心中叫苦，这只臭老虎居然还不赶紧走，这棵树枝究竟能支撑我多久，我也不知道啊，万一树枝断了我可怎么办。

事情总是怕什么来什么。猎人刚想到这里，支撑着他的那根树枝“咔嚓”一声断了。猎人手中攥着的半截树杈落在了老虎的身上。猎人也掉在了老虎身上。

这猎人一只手抓住老虎后脖子上的毛皮，一只手攥着半截树杈。这样，老虎可就不高兴了。俗话说，老虎屁股摸不得，更何况是有人骑在了它的脖子上。老虎不停地上蹿下跳，想要把猎人甩下去。

扫二维码
听嘉庆叔叔讲故事

慌不择路的老虎四处逃窜，一下子跑到了一个集镇。人们看到猎人骑着老虎，纷纷议论道：“这人真厉害，居然骑着一只老虎。”骑在老虎身上的猎人却说：“你们哪里知道我的苦，我这是骑虎难下啊！”

练练嘴皮子

大嫂子和大小子

一个大嫂子，
一个大小子。
大嫂子跟大小子比包饺子，
看是大嫂子包的饺子好，
还是大小子包的饺子好，
再看大嫂子包的饺子少，
还是大小子包的饺子少。
大嫂子包的饺子不小又好又不少，
大小子包的饺子又小又少又不好。

故事练习所

在编写《骑虎难下》这个故事时，嘉庆叔叔融入了很多细节描写。这样做主要是为了让故事更加生动，更加引人入胜。当然，这么做也增加了讲故事的难度。其实，只要我们把故事的情节，尤其是猎人打虎的过程梳理清楚了，也就没有那么难了。

《骑虎难下》的情节：

开头介绍猎手——猎手打猎累了，睡着了——猎人惊醒，遭遇老虎——老虎第一次猛扑，猎人钢叉刺出——老虎躲过钢叉，咬住钢叉头，猎人钢叉脱手——老虎第二次猛扑，猎人上树——树枝断裂，猎人掉在虎身上——猎人骑虎难下，心中十分着急。

语言小星星

我们学习了故事的开头、故事的线索及情节，今天我们来学习两种给故事结尾的讲法。

一个是结果交代法，另一个是首尾呼应法。

结果交代法是最常见的一种结尾方式，就是在故事的最后把结果交代清楚，就自然收尾了。我们看到的大部分故事都是以这种方式结尾的。这种方式的好处是，难度小，很自然。

首尾呼应法是将开头提到的事物和重点，在故事的结尾处作进一步强调。比如《太公钓鱼，愿者上钩》的开头：“小朋友，你钓过鱼吗？你觉得钓鱼的鱼钩是直的还是弯的呢？你见过直的鱼钩吗？还真有人用直钩来钓鱼。你想知道这是怎么回事吗？我这就告诉你。”那么，结尾就可以这样：“小朋友，你看姜太公就是用直钩钓鱼，因为他真正要钓的不是那池塘里的鱼，而是那西岐的周文王啊。这就是《太公钓鱼，愿者上钩》的故事。”

首尾呼应法，主要难点在于，在开头的时候就要考虑好通篇的结构。只有开头就考虑好结尾，将所需要强调的重点强调出来，结尾才可能做到首尾呼应。最常用的方法就是开头用提出问题法，结尾的时候对开头提出的问题予以回答。这样的首尾呼应会给人故事完整紧凑的感觉。比如，《望梅止渴》可以这样开头：“小朋友，你知道杨梅吗？你知道它是什么味道吗？酸酸的对不对？你知道吗？杨梅不仅可以吃，而且还有别的作用呢。这是怎么回事啊？来听我告诉你吧。”而结尾可以这样：“小朋友，你看曹操就是利用杨梅酸酸的味道，让士兵们一想起来就流口水，不仅暂时止住了口渴，还增加了加速前进的动力。这就是《望梅止渴》的故事。”

下面，我们试着用首尾呼应法来讲一讲《骑虎难下》这个故事吧。

故事的结尾（二）

故事11

城门失火，殃及池鱼

从前，有一个国家，它的城墙又高又厚，城门也非常大。城墙的周围有一条又宽又深的护城河。护城河里有很多小鱼，它们整天自由自在地在河里游着。

这一年夏天，有一天天上下起了大雨。这雨一下就是一天一夜。护城河的水大涨。护城河里所有的鱼儿都可高兴了。它们欢快地游着，奔走相告，太好了，这么大的雨，河水涨了很多，游起来比原来畅快多了。

其中有一条红鱼却对大家说："大家不要高兴得过头了。我看这件事未必是好事。这场大雨很可能会危及我们的性命。"其他鱼都反驳道，这雨水多了，河水涨了，怎么会是坏事呢?

大雨停了之后，太阳又高高地挂在了天空，一切又恢复了以前的样子。可是自从这次大雨后，连续一个多月天上就再也没掉过一点雨。城门周围的井都枯竭了，护城河的水也比下雨前少了很多。

那条与众不同的红鱼对它周围的鱼说：“你们看，我说那场大雨未必是好事吧。”

其他的鱼仍然不以为然地说：“虽然那场大雨之后这么长时间再没下一点雨，大地干旱，可是对于我们这些鱼来说，无所谓啊。河水是少了一些，但这完全不影响我们的生活啊。你说会危及我们的性命的事情，根本没有发生啊。”

那条红鱼说：“我感觉很快就会发生。”

过了几天，因为天气太干燥，城门边的一个库房里的柴草不知道怎么的就着了起来，而且很快就烧着了那扇巨大的城门。

当城门的火着起来的时候，那条特别的鱼慌忙地喊道：“大家快跑吧，危及我们性命的事情发生啦。”

其他鱼仍然在笑话它：“你可真是个胆小鬼，那城门着了火，跟我们有什么关系，就算是火势再大也不可能烧到我们这里啊。”

见大家不听它的劝阻，这条鱼转身朝着护城河的一个支流游去。

人们见城门着火了，就用桶和盆以及所有能盛水的东西，装满水去救城门上的火。可是城门的火太大了，水井里的水又太少了，很快水井就干了。人们开始用各种器具去护城河里盛水。开始河水下降得并不明显，可是随着救火的人越来越多，护城河里的水下降得越来越快。很快，护城河的水就无法让小鱼们畅游了。

扫二维码
听嘉庆叔叔讲故事

这个时候大家才想起了那条鱼的劝告，可是这个时候再往其他的地方逃跑已经来不及了。于是，除了那条鱼之外，其他的鱼都没有逃脱河水干涸的厄运。

这就是“城门失火，殃及池鱼”的故事。

练练嘴皮子

撕字纸

隔着窗户撕字纸，

一次撕下横字纸，

一次撕下竖字纸，

是字纸撕字纸，

不是字纸，

不要胡乱撕了一地纸。

语言小星星

小朋友，我们今天来学习讲故事结尾的另外三个方法，分别是：故事总结法、启发联想法和感叹法。

这三个方法都是对整个故事的总结，但总结的方法各有不同。

1.故事总结法

故事总结法就是在故事情节讲述完之后，将故事的中心思想提炼出来，和大家分享。

比如《守株待兔》这个故事：兔子撞死在树桩上，是偶然事件，很难再发生第二次的。这个故事告诉我们，不要把偶然发生的事情当成必然的规律，更不应该放弃自己本来应做的工作，想着去不劳而获。这就是“守株待兔”的故事。

2.启发联想法

这个方法是在故事情节讲述完整后，用启发的形式使听众产生更多的故事联想，使听众有一种意犹未尽的感觉。这种启发的形式多为疑问句。

比如《画蛇添足》这个故事：小朋友，你有没有想过，如果你也参加了这个画蛇的比赛，你会怎么做呢？

再比如《对牛弹琴》这个故事：小朋友，你说一说，为什么那头牛就是不喜欢听公明仪的琴声呢？（也可以换一种说法：你说说公明仪应该怎么做，才能让那头牛爱听自己的琴声呢？）

3.感叹法

这种方法就是将故事所要表达的中心思想，用感叹的方式展示出来。这种感叹是将故事的主要情绪，进一步升华。当然，你也可以加入自己对整个故事的看法。

比如《叶公好龙》这个故事：看来我们如果喜爱一件事物就一定要爱它的本质，可不能只爱表面。否则，像叶公一样，真的见到“龙”的时候可就不好办喽！

再比如《破釜沉舟》这个故事：项羽用他的决心赢得了战争的胜利。我想，如果我们也拥有这种破釜沉舟的决心和勇气，无论什么样的困难也无法阻挡我们前进的脚步！

下面我们尝试用以上三种不同的方法，为《城门失火，殃及池鱼》这个故事来设计个结尾吧。

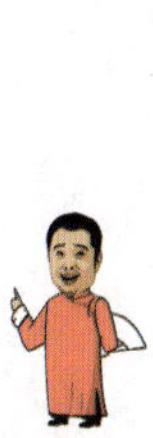

综合训练

故事12

投鼠忌器

从前，有一户人家里不知怎么来了很多老鼠。这些老鼠十分猖獗，白天都敢大着胆子在房子里横冲直撞，在衣柜上、桌子上蹦来跳去，晚上居然敢爬到主人睡觉的床上甚至爬到枕头边。更可恨的是，有些老鼠竟然躲进衣柜里，在棉衣里做窝，生儿育女。这家的主人恨死这些老鼠了，可又很难抓住它们。

一天晚上，这家主人刚刚睡下，老鼠便开始出来闹腾了。一只大老鼠从衣柜顶上跳下来，碰翻了桌子上的油灯，油灯滚到主人床上，油洒了一床，把主人气坏了。

等主人翻身起床的时候，老鼠早已跑得无影无踪。男主人咬牙切齿地说："我不把这些天天捣乱的老鼠打死，我就誓不为人！"他的妻子也愤愤地说："太可恨了，再看到老鼠，不打死它们才怪呢！"

一天，一只大老鼠掉进了主人家的一个大古董花瓶里。男主人正好看到了，他心里一阵高兴，心想：那天碰翻油灯的老鼠必定是它无疑了。想到这，他自言自语道："今天叫你撞到我手里，我一定要打死你，毫不留情！"

于是，他抄起一根木棍，蹑手蹑脚走到大花瓶跟前，举起木棍正要砸下去，冷不防被一双手将木棍抓住了，原来是他的妻子。他妻子一边抓住木棍一边阻止他说："你不能这样！你没看到这是咱家的古董吗？要是把这只大古董花瓶打碎了，那多可惜呀！为了打一只老鼠，损失也太大了。"

男主人还举着木棍，不甘心地说："你忘了这坏东西做的坏事了吗？不能就这么便宜了它！"他妻子坚持说："算了算了，还是大花瓶重要！"

没办法，男主人只好放下手中的木棍，走上前去，用手把花瓶里的老鼠赶走了。大老鼠回到它的窝里，每天照样出来做坏事，而且更加肆无忌惮。因为它已经掌握了这家人的弱点。每当它看到那对夫妻要抓住它或者打到它时，它就跑到那个古董花瓶上，这样它就不会被抓到或者挨打了。

扫二维码
听嘉庆叔叔讲故事

这家主人又想打老鼠，又怕砸坏了东西，这样顾虑重重地做事，怎能把事情做好呢？

练练嘴皮子

七棵树上结七样儿

一二三，三二一，

一二三四五六七。

七个阿姨来摘果，

七个花篮儿手中提。

七棵树上结七样儿，

槟子、橙子、橘子、柿子，

李子、栗子、梨。

故事练习所（一）

接下来我们要做一次综合训练，就是把“故事的结构”这部分所学的内容运用到讲故事中去。我们下面就以《投鼠忌器》为例开始吧。

1.通读故事，分析中心思想

这个故事的中心思想就是通过一对夫妻捕鼠又被老鼠戏弄的故事，告诉我们做事一旦下定决心就不要犹犹豫豫，踟蹰不前。

2.为这个故事设计开头和结尾

在正式讲故事之前，不仅要把开头设计好，同时也要把结尾一并设计完整。这是非常重要的。

如果你想用介绍人物法，可以这么讲：在古时候，有一对夫妻，他们最大的特点就是做起事来犹犹豫豫，总是担心这担心那，拿不定主意。话说，这一年，他们家里突然多了很多老鼠。

用了这样的开头就可以用感叹法或者总结法来结尾。比如，就这样，老鼠整日在他们家作威作福，这对夫妻却没有办法。其实啊，这对夫妻就是顾虑太多了。像他们这样前怕狼、后怕虎，无论什么事情都做不好。

如果你想用提问法来开头，可以这么讲：小朋友，如果你遇到了偷吃东西的小老鼠，你会怎么办呢？如果恰巧这只老鼠旁边就是你最心爱的东西，如果打老鼠很可能损害了自己心爱的东西，你又会怎么办呢？下面这个故事的主人公遇到了同样的问题，他们是怎么办的呢？

用了提问法来开头，就可以用首尾呼应法或者启发联想法来结尾，比如，小朋友，你觉得这对夫妻的做法对不对呢？你有什么办法能够帮他们既保护了花瓶又打跑那只大老鼠呢？

小朋友，请尝试为《投鼠忌器》设计几个不同的开头和结尾吧。请注意，在设计开头的同时，也要把结尾设计好。养成这样的习惯，对你讲出精彩的故事，会非常有帮助。

我们下面来找找《投鼠忌器》这个故事的线索。我们首先来梳理一下这个故事的情节：

一对夫妻发现家里出现了老鼠——老鼠在家里大搞破坏——一天，大老鼠碰洒了灯油，气坏了这对夫妻——又一天丈夫看到大老鼠掉进花瓶里，便要用大棍去打——丈夫被妻子拦住——这对夫妻既想打老鼠又怕打碎花瓶的想法，使大老鼠更加嚣张。

这个故事从头到尾反复出现的就是这对夫妻。他们对老鼠的态度和行为的变化，就是整个故事的线索。

在讲述这个故事的时候要注意以下两个难点：

1.一对夫妻，两个人物，由于性别和性格的不同，声音也应有所不同。

2.老鼠对这家进行破坏的时候，需要用到营造热闹气氛的技巧，请参考“气氛的营造”这部分的内容。

下面就请小朋友来讲一讲《投鼠忌器》这个故事吧！

故事练习所（二）

外强中干

在春秋时期，诸侯争霸，战火纷纷。

有一年，秦国派大军攻打晋国。

晋国的晋惠公，听说秦国派兵来犯，就召集了大批的军队，打算亲自做总指挥，上阵迎敌。那个时候打仗，总指挥上战场不是骑马，而是要乘坐马车。在使用什么样的马来拉车的问题上，晋惠公打算亲自来操办。他命令大臣带他到马场去挑选马匹。

来到马场，走了一圈，晋惠公发现有几匹马，非常高大，它们

比其他马要高出一头，而且看起来身材也要魁梧很多，身上的肌肉见棱见线。晋惠公一见就喜欢上了。于是他对身边的大臣说："这几匹马一看就是宝马良驹，到了疆场上一定能够拉着寡人的车驰骋纵横，所向无敌。就用这几匹马！"

晋惠公刚说完这话，站在一旁的一位叫作庆郑的大臣走了出来，躬身施礼说道："这几匹马是郑国向咱们进贡来的马匹。这种马的特点就是高大魁梧，品貌昂扬。但是这种马最大的问题就是只好看，却上不了战场。据说，郑国的马上了战场后，很容易受惊吓，从而不听从主人的指挥。您要用这几匹马来拉您的车，后患无穷，请您三思啊！"

听了这话，晋惠公有些不高兴地说：“你净胡说，我看这马身材好、肌肉结实，打起仗来跑得也一定非常快，必然勇猛。怎么可能长得好看而不能打仗呢？我不信。我偏要用这几匹马来拉车。”

一见晋惠公打定了主意，庆郑也就没好再多说什么。

到了和秦国开战的时候，两方对阵，喊声震天，秦国主将站在战车上，高举长剑，大喊一声：“冲啊！”秦军如同排山倒海一般冲了过来。这时候，晋惠公一看，心想：“哈哈，就你会冲，我们就不会冲吗？”

于是，晋惠公举起手中的长剑，也大喊一声：“众将官给我冲啊！”一时间，晋国的军队也开始呐喊着往前冲去。可是，晋国的军队刚冲出去，拉着晋惠公的车的那几匹马突然开始咆哮，不仅不往前走，反而一步一步地往后退。看这个架势，这几匹马是害怕了。晋惠公一看气坏了，抄起马鞭子，就“啪啪”地抽了上去。这一抽把那几匹本来就特别害怕的马给惊了。一时间，几匹马四散奔跑，可是它们是被拴在一起的，这一下可就乱套了。晋惠公在车上左右摇晃站不稳，好几次差点儿从车上摔下来。晋惠公是总指挥，他的车就是指挥部啊，他无法发布号令，晋国的军队也就乱了，不知道该怎么打。

秦国军队一看，晋国的军队乱了，可高兴了，趁着这个乱劲儿就杀了过去。这一仗把晋国打了个落花流水。晋惠公的车被那几匹胆小的马匹给拉得到处乱跑，最终晋惠公居然落到了秦军的手里，被生擒活捉了。

被秦国捉住的时候，晋惠公十分后悔，他自言自语道："嗐，我是万万没有料到！原来表面上看起来如此健壮魁梧的马匹，居然如此胆小不中用！"

后来呀，人们就用外强中干来形容那些表面上看十分强大有力，实际上却十分无用和虚弱的人或事物。

请小朋友尝试用以下步骤，来讲一讲《外强中干》这个故事。

1.通读全文，找出这个故事的中心思想。

2.给这个故事设计一个开头和结尾。

3.梳理这个故事的情节。

4.找出这个故事的线索。

5.完整生动地讲述故事。

第五章

融会与贯通

音调、音量、音长

故事1

曲突徙薪

话说在汉朝时期，有一个叫作墨苏的人，他是一个非常善于观察生活细节的人。

有一次，他去一个朋友家做客。朋友摆下了丰盛的宴席招待他。墨苏和朋友在一起聊得非常开心，吃喝完毕，要离开朋友家的时候，墨苏对朋友说："仁兄，我刚才从您家的厨房走过的时候发现了一些问题，我觉得有必要提醒您一下。"朋友有些莫名其妙："哦？我家的厨房有什么问题呢？"

墨苏接着说："我看到您家厨房的烟囱是直直地朝上的，如果遇到下雨天有可能会灌进水来，而且飞出去的灶灰也有可能会飞回来，而您家炉灶旁边堆积了大量的柴火，很容易会被灶里弹出的火苗燃着啊！您需要尽快换一个弯曲的烟囱，也有必要把柴火从炉灶旁边挪开。"

朋友听了这话，心想："我家的烟囱和炉灶也有些时日了，没出什么问题啊！这墨苏啊有点小题大做了。"于是，他对墨苏敷衍道："谢谢先生提醒，在下知道了。"墨苏走了之后，朋友把他的提醒扔到九霄云外去了。

这件事过去不久，有一天，这个朋友家做完饭后，厨房里没有一个人。可是，做饭时飞出去的灶灰又飞回烟囱落到了没有完全烧尽的木炭上。灶里的木炭被引着后，火苗烧到了灶旁的柴火。柴火又点着了厨房。等到人们发现时，整个厨房和相连的两间房子都已经烧着了。

邻居们发现了火情后，纷纷帮着打水来灭火，有的人用盆、有的人用桶、有的人用瓢，很快大火就被扑灭了。好在大家的动作很快，损失不是很大。

第二天，这个朋友又摆下了一大桌丰盛的宴席，来款待所有在救火的时候帮助过他的人，并且按照救火时功劳的大小来安排座次。席间有一个人对这个朋友说：“你怎么只宴请了我们，而没有请墨苏呢？”

这朋友有些纳闷儿：“墨苏没有帮我救火，为什么要请他呢？”

那个人说：“虽然他没有帮你救火，但是他早就向你提醒过，让你把烟囱弄弯，把柴火从灶旁挪开。也正是因为你没有听他的提醒，才有了这样一场火灾。其实，你最应该感谢的是早就看出了这个问题的墨苏啊！”朋友一听这话，觉得很有道理，就把墨苏请到了家里。

这个故事就是“曲突徙薪”这个成语的来源。曲，是指弯曲；突，就是指烟囱；徙，是挪开、搬离的意思；薪，是指柴火。曲突徙薪，就是把烟囱弄弯，把柴火搬开。这个成语的意思是说，要提前做好防范工作，避开危险。跟它相类似的成语还有未雨绸缪、防患于未然等。

扫二维码
听嘉庆叔叔讲故事

语言知识回顾

小朋友，还记得本书前面提到的音调、音量和音长吗？

音调：汉语普通话的发音音调有四个，分别是阴平（第一声）、阳平（第二声）、上声（第三声）和去声（第四声）。每一个字都有属于自己的音调，有些字还拥有不止一个音调。

音量：指的是声音的大小或者强弱，也叫音的响度或者音强。

音长：指每个字的读音的长短，其实也就是说话的快慢。一般来说，播音的语速是每分钟240～300个字，也就是一秒钟4～5个字，平时小朋友说话可能要比这快得多。

练练嘴皮子

拔萝卜

一八、十八、二十八，

八个小孩儿把萝卜拔，

你也拔，我也拔，

看谁拔得多，看谁拔得大。

你拔得不多个儿不小，

我拔得不少个儿不大。

一个萝卜一个坑儿，

算算多少用车拉，

一个加俩，俩加仨，

七十二个加十八？

拿个算盘打一打，

一百差俩九十八。

故事练习所

小朋友，我们已经练习了这么多的故事，相信大家已经对音调、音量、音长这些概念十分熟悉，并且能够熟练地应用在讲故事的过程中。现在嘉庆叔叔要告诉你一个之前从来没有告诉过你的语音的秘密。音调、音量和音长这三个概念之前虽然是分开来讲的，但它们都不是孤立的。任何一个字，一句话，都有自己的音调、音量和音长。

例如，在《曲突徙薪》这个故事里，朋友在听了墨苏的提醒后，有些莫名其妙，说："哦？我家的厨房有什么问题呢？"这个"哦"是一个语气词，它在这里表示疑问，所以应读二声。朋友听了墨苏的话感到诧异，这个字又独立表达了一个意思，所以音量比别的字会稍大，音长也会稍长。

请着重观察故事中的每一次对话，不同人物用的字词、语言都有着怎样的音调、音量和音长。

下面，请尝试讲一讲《曲突徙薪》这个故事吧！

轻音、重音

故事2

道听途说

春秋时期，有一个齐国人叫作艾子。这个人很有学问，善明辨是非。他喜欢到各个国家去游历。

有一次，他刚刚从楚国回到了齐国，刚一进城门，迎面就看到一个人飞快地跑过来，好像有什么急事一样，只见那个人远远地冲他打招呼：“艾子，艾子！”

艾子仔细一看，原来这个人是毛空。这个毛空啊，是一个很喜欢与别人交流且十分外向的人。艾子一见是他，就停住了脚步，等他过来。

走近之后，毛空神秘地对艾子说：“艾子啊，我跟你说一件稀罕事吧！这件事，保证你听了之后会大吃一惊的。”

艾子微笑着看着毛空说：“哦？是什么事啊？”

毛空接着说：“我知道，有一户人家家里养了一只鸭子，就在昨天，这只鸭子一次下了100个鸭蛋！”

艾子听了之后，“扑哧”一声乐了。毛空有些诧异：“这是多么奇妙的新闻啊，你怎么会乐出来呢？”

艾子说：“一只鸭子顶多也就几斤重，100个鸭蛋最轻也要十几斤啊。一只鸭子怎么可能下出比自己的身体重得多的鸭蛋呢？”

听了这话，毛空觉得有道理，于是说：“嗯——那也许是两只鸭子下的。”

“那也不可能的。”

“那也可能是3只。”

艾子还是摇头。

“那也许是4只、8只……”然而，毛空看到艾子还是微笑着摇头，不以为然。毛空只好转移了话题：“咱不说鸭蛋的事了。这件事也没什么奇怪的。你知道吗？我知道有一件事比这个更奇怪。”

艾子这次没有搭话，只是看着他。

毛空接着说：“上个月，就在咱们齐国的边境，从天而降一块牛肉。这块牛肉有30丈长，10丈宽。你说奇怪不奇怪？”

小朋友，你知道吗，这1丈的长度是3米多，相当于1层楼的高度，10丈长可就是10层楼那么高。

艾子慢条斯理地说：“你说一块牛肉有30丈长，10丈宽。那么，那头牛又该有多大呢？从天而降的这么大块的牛肉，又是谁切的呢？切牛肉的人在哪里呢？他要用多长的一把刀呢？”

面对艾子的问题，毛空支支吾吾地说道：“那也可能是20丈长，或者10丈，5丈！”

艾子实在有些忍不住了：“毛空啊，这块牛肉和刚才你说的下100个鸭蛋的鸭子，都是你亲眼所见吗？”

“嗯——不是！都是我在路上听说的。”

艾子顿了顿说：“看来，你从路上听说之后，不管到底有没有道理、可不可能，就直接在路上又传给了别人，是吧？”说完这话，艾

扫二维码
听嘉庆叔叔讲故事

子笑着离开了。

这就是道听途说的故事。

练练嘴皮子

九个酒迷喝醉酒

九月九，

九个酒迷喝醉酒。

九个酒杯九杯酒，

九个酒迷喝九口。

喝罢九口酒，

又倒九杯酒。

九个酒迷端起酒，

“咕咚、咕咚”又九口。

九杯酒，

酒九口，

喝罢九个酒迷醉了酒。

故事练习所

音的轻重，是“语音的秘密”一章的重点内容。同样一句话，音的轻重放在不同的位置，表达的意思是截然不同的。这一点我们曾经用了很大的篇幅来训练，在这里就不再赘述。

音的轻重和前面所讲的音调、音量、音长一样，都是同时存在于每一句话、每一个词以及每一个字的。

举个例子来说，在《道听途说》这个故事里，艾子听了毛空说鸭子一次下了100个鸭蛋后，说：“一只鸭子顶多也就是几斤重，100只鸭蛋最轻也要几十斤啊。一只鸭子怎么可能下出比自己的身体重得多的鸭蛋呢？”在这句话里，艾子要强调的是毛空说的话有多荒唐，落脚点是一只鸭子不可能下出比自己体重重得多的鸭蛋来。要得出这个结果，就必须经过前面的计算，那么这句话中计算的每一个步骤、每一个数据就成了必须强调的重点。这些数据分别是“一只”“几斤”“100个”“几十斤”，这些数据自然就成了重音分布的位置，最后一句话中的结果“重得多”也自然应用重音。

整个故事中艾子和毛空的对话内容非常丰富，小朋友可以仔细体会每句话中的轻音和重音，讲好这个故事。接下来，请你尝试一下吧！

不同性别、年龄人物的语言

故事3

精忠报国

宋朝时期，北方的金国经常侵犯宋朝边境。岳飞带领着岳家军誓死抵抗，立下了汗马功劳，是名垂青史的民族英雄。

岳飞小的时候，非常聪明好学，不管是《大学》《中庸》《论语》《孟子》这些圣贤经典，还是《孙子兵法》这种军事著作，都能过目不忘，看过一遍就能背下来，而且都有自己非常独到的理解。他的枪法也特别厉害，自创了一种枪法，叫作岳家枪。后来，因为金人不断来犯，朝廷开始大范围征集百姓参军入伍。

岳飞从小深受母亲要报效国家的教导的影响，也决心参军。

临行前，岳飞来到母亲面前，对母亲说："母亲，孩儿明天就要奔赴沙场，上阵杀敌了！母亲，您为孩儿高兴吗？"

母亲对岳飞说："母亲终于看到你长大成人，能够为国家做贡献了。"

说着说着，母亲的眼睛有些湿润了。岳飞忙说："母亲你怎么了？"

"没事，我这是高兴的。"

"母亲，在孩儿临走之前，您有什么要嘱咐孩儿的吗？"

听了这话，母亲低下了头，思考了很久。突然，母亲抬起头来对岳飞说："儿啊，你跪下！"

听到母亲这么说，岳飞有些迷糊："母亲，您这是要做什么？"

"跪下！"母亲又一次这样说，而且声音更大了。岳飞不再询问，而是听母亲的话跪了下来。接着，母亲说："将上衣脱掉。"

岳飞更迷糊了，但是这次他没敢问，因为他看到了母亲眼神坚定。于是，他脱掉了上衣。这时，母亲走到岳飞的身后。突然，岳飞感觉到后背一阵刺痛。

“母亲，您要做什么？”

母亲按住了想要回头看的岳飞，接着说：“孩儿，你不是问我在你上阵杀敌之前，要嘱咐你什么吗？我要把对你说的话刺在你的后背。”听母亲这样说，岳飞明白母亲是用针在自己的后背上刺字，而这字一定是母亲要自己一辈子牢牢记住的。于是，他心里默默地忍耐着疼痛，等待着母亲一针一针地刺下。

过了许久，母亲的针停了下来，又轻轻地用蘸了热水的毛巾擦去了岳飞后背流出的鲜血。最后，母亲让岳飞起身到镜子前，自己去看。来到镜子前，岳飞背对镜子，转过头来，看到母亲在自己的后背刺下了四个大字——“精忠报国”。岳飞明白，母亲的意思是要自己尽自己最大的努力来报效祖国，做一个对国家有用的人。

扫二维码
听嘉庆叔叔讲故事

在母亲的嘱托下，岳飞忠于国家，奋力杀敌，终成一代名将。这就是岳母刺字，精忠报国的故事。

练练嘴皮子

六十六头牛

六十六岁的陆老头，

盖了六十六间楼，

买了六十六篓油，

养了六十六头牛，

栽了六十六棵垂杨柳。

六十六篓油，

堆在六十六间楼；

六十六头牛，

扣在六十六棵垂杨柳。

忽然一阵狂风起，

吹倒了六十六间楼，

翻倒了六十六篓油，

折断了六十六棵垂杨柳，

砸死了六十六头牛，

急煞了六十六岁的陆老头。

故事练习所

在“人物的语言”中，我们学习了不同人物的语言的表达方式，包括小孩、老人、成年男子、成年女子、邪恶的人、善良的人等。每一个人因为自己的性别、年龄、性格、身份不同，在声音表现上都会有不同的特点。

小朋友你还记得“人物语言设计三步法”吗？下面我们就用三步法进行人物语言的分析和设计。

第一步：通读故事。我们刚才通读了《精忠报国》这个故事，这里有两个人物，分别是岳飞和他的母亲。

第二步：分析人物。刚刚参军的岳飞只有19岁，是一名青年。他的母亲在40岁左右。岳飞性格正直、刚强、勇敢，同时意气风发。他的母亲则温柔、坚强、沉稳。这些都可以体现在他们说话的声音上。

第三步：设计语言。岳飞的声音应该是高亢、明亮的，为了表现他的性格可以处理得略粗一些。他母亲的声音应该是稍细、稍沉的，同时为了表现她的沉稳，可以将语速处理得稍慢一些。

在确定了两个人物的语言特点后，尝试讲讲《精忠报国》这个故事吧。

不同性格的人物语言

故事4

金玉其外，败絮其中

元朝末年，朝廷腐败，很多官职都是可以拿钱来买的。只要有钱，不管你有没有本事，是否想为百姓造福，都可以花钱来买官。所以那个时候，老百姓生活得非常困苦，全国上下怨声载道。

有一年夏天，太阳高高地挂在半空，大地散发着烤焦的味道。一个集市上，有一个卖柑橘的人引起了很多人的注意。要知道，在那个年代，没有现代科技，柑橘是不可能保存到第二年夏天的。但那个卖柑橘的人的车上，却放着满满一车黄澄澄、圆滚滚的柑橘，而且每个橘子都十分饱满和鲜亮。那里边的甜汁就好像快要溢出来一样。

于是，很快围拢了很多人。大家一问价格，居然是往年柑橘价格的10倍，而且卖柑橘的人还说："不许挑，不许捡，一手交钱，一手给柑橘。一经出售，概不退换。"这个条件要说起来可是够苛刻的。可是，架不住人家的柑橘看上去好啊，而且这是在夏天，能吃上一口水灵灵的柑橘，是一件多么享受的事啊。于是大家你三个我两个地买了起来。

有一个叫刘基的人，也禁不住诱惑，拿钱买了一个。他不像大多数人买了橘子回家和家人分享。他拿到橘子就迫不及待地掰开吃了起来。可是当他一口咬下去后，嚯……那感觉别提多难受了。他感觉就好像咬到了一嘴的棉絮，乌乌突突，糊在嘴里……最后实在太难受，一口全吐了。

原来呀，这柑橘表面上看起来非常好，可是里面早已经干透了，只剩下纤维干燥后形成的絮状的东西，根本无法下咽。

刘基急了，拿着破橘子去找那个卖柑橘的人评理。哪知卖柑橘的人却义正词严地说道："我靠卖这样的柑橘为生，已经有好几年了。买的人很多，谁也没有说什么，唯独先生您不满意。当今世上骗人的人到处都是，岂止我一个？请问，那些威风凛凛的武将，从装束看，比孙子、吴起还神气，可是他们真正懂得兵法吗？那些头戴高帽、身着宽大朝服、气宇轩昂的文官，难道他们真正掌握治理国家的本事吗？寇盗横行，他们不能抵御；百姓困苦，他们不能救助；贪官污吏，他们不能处置；法纪败坏，他们不能整顿。这些人一个个身居高位，住着华美的房舍，吃着山珍海味，喝着琼浆玉液，骑着高头骏马，哪一个不是装得道貌岸然、一本正经的样子？又有哪一个不像我所卖的柑橘那样，表面上如金如玉，内在却像是破旧的棉絮呢？"

刘基听了小贩的一席话，顿时哑口无言。回到家里后，他就写了一篇文章叫作《卖柑者言》，借卖柑橘的人所说的话来抨击当时的社会乱象。

扫二维码
听嘉庆叔叔讲故事

这就是"金玉其外，败絮其中"的典故。

练练嘴皮子

小花猫

小花猫爱画画，
先画一朵腊梅花，
又画一个小喇叭，
带着腊梅花，
吹着小喇叭，
回家去，见妈妈，
妈妈见了笑哈哈。

故事练习所

我们下面继续用“人物语言设计三步法”来为上面故事中的人物设计语言。

第一步：通读故事。《金玉其外，败絮其中》这个故事里一共有两个主要人物，一个是卖柑橘的小贩，另一个是刘基。

第二步：分析人物。这两个人都是成年男子，但性格却有所不同。小贩为了把柑橘卖出高价，想出了欺诈的法子，还不许别人挑选，被人戳穿了骗局后还义正词严，所以他是一个狡猾奸诈的人。刘基开始是好奇，后来发现了上当之后，直接戳穿了小贩的骗局，所以他是一个有正义感的人，正直、直爽。

第三步：语言设计。小贩的声音可以稍尖、稍扁些，如果可以的话，还可以稍稍有些沙哑。刘基的声音嘹亮、粗犷。

尝试用自己的方式讲一讲《金玉其外，败絮其中》这个故事。

欢乐、喜庆、热闹的气氛

故事5

扑朔迷离

北魏时期，北方的柔然族经常来犯，抢夺老百姓的粮食和财物。边境常年战乱不断。有一年，朝廷向全国下达了征兵的诏书。

在一个靠近边境的小村子里，有一位叫作花弧的老先生。他曾经是位驰骋疆场多年的老将军，可是这次他却不能上战场了，因为他已经年过花甲，而且身有重病，上战场打仗根本吃不消。

花弧有两个女儿，一个儿子。儿子当时只有十来岁，而女人是不可能上战场的。所以，一家人接到诏书后，顿时愁眉不展。

这天晚上，花弧老先生的二女儿花木兰找到母亲说："母亲，我想替父亲出征。"

母亲听了这话，吓了一跳，忙说："女儿啊，你疯了吗？这上阵打仗的事情从来就没有女人的份儿，况且现在出征是去北方荒漠攻打柔然，那里的环境之恶劣，条件之艰苦，是男人们都承受不了的，你怎么可能受得了？而且，军队里没有女人，又怎么可能收留你呢？"

花木兰听后说："母亲，朝廷征兵的诏书上面有父亲的名字，可是父亲的年纪大了，已经禁不起征战的辛劳，而弟弟年龄又小。我从小跟父亲练就了一身好武功，完全可以替父亲去从军。"

母亲为难地说："可你是个女孩，怎么能从军呢？"木兰坚定地说："我自有办法。"

过了几天，征期到了，花木兰穿上士兵的衣服，手拿长枪，骑在马背上，俨然一位年轻的将军，根本看不出来她是个女孩。告别了父母，花木兰随大军到边塞作战。

战争中，花木兰表现得很勇敢，立了很多大功。经过十多年的艰苦战斗，战争终于结束，木兰胜利归来。朝廷给了她重重的赏赐，并答应了她回家的请求。

花木兰回到家门前，朝着自己离开多年的家园喊道：“爹，娘，孩儿回来了。”

这一喊，把全家人都惊动了。木兰的父亲——花弧老将军，母亲、姐姐、弟弟全都跑出来了。花弧老将军看着自己的女儿，现在完全是一副将军模样，英姿飒爽，禁不住高兴地流出了眼泪。

花木兰荣归故里，全家人为此忙前忙后。花弧老将军拿出了家中藏了多年的好酒，一打开酒坛子，一股浓香扑鼻而来；母亲开始刷锅洗碗，准备丰盛的宴席；弟弟赶忙去猪圈羊圈，杀猪宰羊；姐姐来到花木兰当年居住的屋子，把妹妹多年没有穿过的衣服和配饰找出来，帮妹妹梳洗打扮。

花木兰刚刚梳洗打扮完毕，恢复了女孩的装扮，曾经一起上战场的战友就赶来了。他们得知英勇的战友花木兰竟然是个女孩子，都十分惊奇地说：“哎呀，同行这么多年，怎么不知你是个女孩。”

花木兰笑着说：“这有什么稀奇。你们见过兔子吗？如果把兔子拎起来看，雄兔子的脚会前后扑腾，雌兔子的眼睛会眯起来。可

是，当雌雄两只兔子都趴在地上走的时候，你又怎么能分辨出来它们谁是雌，谁是雄呢？”

后来，有人就把花木兰的话总结成一个四字成语——扑朔迷离，本意是无法分辨雌雄，后来用来形容事情复杂难解，很难分辨是非。

扫二维码
听嘉庆叔叔讲故事

练练嘴皮子

猫鼻子

白猫黑鼻子，黑猫白鼻子；

黑猫的白鼻子，碰破了白猫的黑鼻子，

白猫的黑鼻子破了，剥了秕谷壳儿补鼻子；

黑猫的白鼻子不破，不剥秕谷壳儿补鼻子。

故事练习所

小朋友，在《扑朔迷离》这个故事里，花木兰的父母姐弟迎接她的时候，现场的气氛是十分热闹的，在语言的表现上需要将这种气氛展示给听众，在语气上要采用“扬”的方式，音量稍大、语速稍快，肢体动作可以稍夸张。比如，父亲打开酒坛子，母亲刷锅洗碗，弟弟杀猪宰羊，姐姐拿出衣服，这些动作都可以展示出来，以增加故事的生动性和表现力。

请你尝试将《扑朔迷离》这个故事展示给大家吧！

悲伤、安静、紧张的气氛

故事6

高山流水

春秋战国时期，楚国有个读书人，叫俞伯牙。他不仅学识渊博，而且非常善于弹琴。他的琴声悠扬、婉转，当时所有人都十分喜欢。可是他觉得没有人能真正理解他的琴声，没有人能从他的琴声中听到他的心声。

后来，俞伯牙到晋国做了官。一次，他奉命出使楚国。乘船南下途中，半路上起了大风，他只好在江边稍作停留。等到风停下之后，一轮圆圆的月亮从浮云中轻轻地移了出来。俞伯牙站立船头，仰视明月，俯视江面的水波，琴兴大发，便抚琴而弹。

一曲即终，忽从草丛中跳出一个樵夫来，对俞伯牙的琴艺赞叹不已。

俞伯牙大惊，便问道："你会听琴，你能看得出这琴的好坏吗？"

樵夫接过俞伯牙递过来的琴仔细看了看，答道："此琴叫瑶琴，是伏羲氏所造，取树中良材——梧桐木做成；然后再把这梧桐木浸在水中七十二天，凿成乐器。最初，这琴有五条弦，后来周文王添了一根弦，称为文弦，周武王又添了一根弦，称为武弦。因此，这琴又称文武七弦琴。”

俞伯牙听罢，非常佩服，便又弹奏一曲，一会儿雄壮、高亢，一会儿舒畅、流利。

樵夫时而说：“太棒了，这一段就好像泰山一般雄伟。”时而又说：“太棒了！这一段好像江河滔滔奔流。”

俞伯牙听了这樵夫的评价非常高兴，推琴而起，深鞠一躬问道："您可真是一位难得的懂琴之人，请教您的尊名贵姓。"

樵夫还礼，说："我姓钟，名叫钟子期。"

俞伯牙叹曰："我的朋友遍布天下，真正知心的又能有几人哪。"于是，命童子点着香和蜡烛，与子期结拜为兄弟，并相约明年的这个时候，还来此地相会。

第二年，俞伯牙如期而至。可他没有想到，钟子期由于生病已经离世。

伯牙在子期的坟前，抚琴而哭，弹了一曲《高山流水》。这琴声回荡在群山之间，时而高亢嘹亮，时而低回婉转，就好像是俞伯牙在向知音倾诉自己的想念。琴起之时，所有的树木都在随风摇动，所有的小溪都在欢快地流淌，仿佛它们都听懂了俞伯牙的琴声，它们都是在替钟子期回答，告诉伯牙已经听到了这琴声。

一曲终了，俞伯牙用刀砍断了琴弦，并仰天而叹："我的知音不在了，我再弹琴给谁听啊？"说完，将琴砸向祭台。

从此后，俞伯牙再也没有弹过琴。

扫二维码
听嘉庆叔叔讲故事

练练嘴皮子

羊和狼

东边来了一只小山羊，
西边来了一只大灰狼，
一起走到小桥上，
小山羊不让大灰狼，
大灰狼不让小山羊，
小山羊叫大灰狼让小山羊，
大灰狼叫小山羊让大灰狼，
羊不让狼，狼不让羊，
扑通一起掉到河中央。

故事练习所

小朋友，在《高山流水》这个故事里，俞伯牙为了表达对钟子期的哀悼之情，在钟子期坟前弹起了乐曲。现场的气氛应该是十分悲伤的。这里，主要应采用“抑”的方式来表现，音量稍低、语速稍慢。但由于俞伯牙的情绪是通过琴声宣泄而出，曲子的旋律本身也有高有低，如果一味地低沉，则会让听众过于压抑。所以，可以在表现俞伯牙的痛苦时，将“扬”的手段与悲伤的情绪相结合，也就是在语速加快、音量加大的同时，仍然保持悲伤的情绪，这样会使俞伯牙通过琴声宣泄的场面更加感人。

比如，在表现动态的时候，“所有的树木都在随风摇动，所有的小溪都在欢快地流淌，仿佛它们都听懂了俞伯牙的琴声”，这个部分可以用“扬”的方式来处理，下面一句“它们都是在替钟子期回答，告诉伯牙已经听到了这琴声”，可以迅速将语速降下去，声音压下去，从而产生一种仿佛钟子期真的听到这琴声的聆听感。

下面就请小朋友尝试讲一讲《高山流水》这个故事吧。

开头的技巧

故事7

游刃有余

春秋时期，梁国的君王梁惠王，有一次看到一个叫作庖丁的宰牛师父的宰牛方法十分与众不同。

这个庖丁在宰牛的时候，不是直接用刀去刺牛，而是先用双手拍打、肩膀去靠、两脚去踩和膝盖去顶牛身体的各个部位。梁惠王看到庖丁做这些动作的时候非常有韵律、有节奏，就仿佛在跳一种非常优美的舞蹈。而且，庖丁在做这些动作的同时，还会发出不同的声音，最后刀子刺进牛身体时响声最大。而这些声音配合在一起时，极有动感，没有不合乎音律的，简直就像是在演奏一首打击乐曲。梁惠王在旁边仔细聆听，这声音节奏竟然同《桑林》《经首》这两首乐曲的节拍完全吻合。

在庖丁将牛整个分解结束之后。梁惠王走上前夸赞庖丁："哎呀，你的解牛技术实在是太高明了！"这时，梁惠王注意到庖丁手中的牛刀，光亮如新，完全没有一丝因为砍牛骨剁牛肉而导致的卷刃或者磨损。梁惠王非常吃惊地问他：“你这把刀是什么材料做的，怎么分解了一头牛却没有一点儿磨损呢？”庖丁听了之后，笑着说：“大王，我这把刀只是普通的刀而已，没有什么新奇。”

“那你这把刀是刚刚使用吗？看上去很新。”

“不是的，我这把刀已经跟随在下18年了，经它宰过的牛少说也有几千头了。”

听到这里，梁惠王就更吃惊了。“我听说，一口刀一般来说用上一个月就会磨损或者卷刃，就不能用了。你这把刀宰了几千头牛还如此崭新是怎么做到的呢？”

庖丁抱拳拱手说：“大王，是这样的。臣下用刀做的不是一般意义上的宰一头牛，而是遵循了事物的本来规律。这其实已经超过了对于宰牛技术的追求。当初我刚开始宰牛的时候，对于牛的身体结构还不了解，看见的无非只是一头牛。

“三年之后，我见到的是牛的内部肌肉和它的筋骨，再也看不见整头的牛了。现在宰牛的时候，臣下只是用精神去接触牛的身体就可以了，而不必用眼睛去看，就像视觉停止活动了而全凭精神意愿或者说是用我的心在解牛。

“我这把刀虽然用了19年，解剖的牛已有几千头，可是刀口还是像新磨的一样锋利。因为牛的骨节之间是有间隙的，而刀刃是磨得很薄的，用很薄的刀刃来分解有间隙的骨节，当然是宽绰而有余地的了。”

梁惠王听了庖丁的解释后赞不绝口。

这就是成语“游刃有余”的典故，用来形容对所从事的工作非常熟练、精通，从而显得很轻松的样子。

扫二维码
听嘉庆叔叔讲故事

其实，一个人只要坚持用心做一件事，持之以恒，都会像那个庖丁一样制造出奇迹来的。

练练嘴皮子

一个人

这边一个人，
挑了一挑瓶。
那边一个人，
担了一挑盆。
瓶碰烂了盆，
盆碰烂了瓶。
卖瓶买盆来赔盆，
卖盆买瓶来赔瓶。
瓶不能赔盆，
盆不能赔瓶。

故事练习所

小朋友，还记得为故事设置开头的方法吗？比如，开门见山法、介绍人物法、提出问题法、倒叙法、细节描写法和开篇点题法。

《游刃有余》这个故事就是采用的“开门见山法”。故事开头介绍主要元素：时间（春秋时期）、地点（梁国）、主要人物（梁惠王、庖丁）。下面我们再尝试用另外几种不同的方法来为这个故事设计开头吧。

介绍人物法：我们先来分析这个故事的主人公是谁。是一直在追问的梁惠王，还是拥有超高刀法的庖丁呢？答案当然是后者——庖丁，因为整个故事的情节和问题的展开都是以他为中心的。那么，我们就可以通过介绍庖丁来开头。

在春秋时期的梁国，有一个人叫庖丁。他是一个宰牛师傅，他的刀法非常高超，宰牛的本领与众不同。有一天，他正在宰一头牛，那动作就像跳舞一样。

提出问题法：这个故事的主人公是庖丁，故事的核心是展示他高超的宰牛技术，我们就可以用这一点来设计开头。

小朋友，今天我要给你讲一个关于宰牛的故事。也许你会说宰牛有什么意思？可是，我如果告诉你，有一个人宰牛的动作就像是跳舞，刀子触碰牛的身体的声音就像是弹琴一样，你相信吗？如果你不信的话，就让我来给你讲讲《游刃有余》这个故事吧。

倒叙法：找到故事情节的中间部分，先给大家展示出来，然后带着疑问开始情节的正常顺序的展示。《游刃有余》这个故事的缘起是梁惠王看到庖丁解牛的场面很好奇，进而询问他解牛的问题。一个国王向一个宰牛的师傅讨教问题，这本身就很有意思，所以用它来开头自然也会吊起听众的胃口。

春秋战国时期的梁国国君梁惠王有一天毕恭毕敬地向一个人讨教问题。小朋友可能要问了，这个人是有名的圣贤吗？还是梁惠王的老师呢？这两者都不是！这个人就是一个普通的宰牛师傅。啊？国王向一个宰牛师傅讨教问题，这是怎么回事啊？来听我给你讲讲《游刃有余》这个故事吧。

细节描写法：《游刃有余》这个故事主要展示了庖丁高超的刀法技艺，讲故事的时候开始直接展示他解牛的细节，会收到非常不错的效果。比如：

春秋时期，梁国有一个宰牛师傅名叫庖丁，他的宰牛技术十分高超。有一天，他正在院子里用刀分割一头牛。庖丁宰牛的时候，不是直接用刀去刺牛，而是先用双手拍打、肩膀去靠、两脚去踩和膝盖去顶牛身体的各个部位。梁惠王看到庖丁做这些动作的时候，非常有韵律、有节奏，就仿佛在跳一个非常优美的舞蹈。而且，庖丁在做这些动作的同时，每一步都会发出不同的声音，最后当刀子刺进去时响声则更大。这些声音配合在一起，极具韵律，没有不合乎音律的，简直就像是在演奏一场打击乐曲。梁惠王在旁边仔细聆听，这声音节奏竟然同《桑林》《经首》这两首乐曲节拍完全吻合。

开篇点题法：这个故事的中心思想是通过庖丁和梁惠王的谈话，阐释出一个道理：人只要长时间地钻研一门技术或学科，哪怕是宰牛这样看似很小的事情，也能达到非常高的境界，甚至可以出神入化。那么，我们也就可以根据这个中心思想来设计开头：

各位小朋友，你们知道吗？不论做什么事，只要坚持不懈地努力钻研都能够取得非常惊人的成绩。你们相信吗？哪怕是宰牛这样的事，只要努力钻研也能达到出神入化的境界。今天，大家就和我一起来听听《游刃有余》这个故事吧。

下面就请小朋友自己来尝试挑选一种最喜欢的开头方式，来完整地讲述一下《游刃有余》这个故事吧！

结尾的技巧

故事8

鹬蚌相争

一个炎热的夏天，太阳在天空中高高地挂着，把地上的土都晒焦了。

一只水鸟渴坏了，飞落在一条小河边。它长着灰色的羽毛、长长的爪子，有一个又黑又长的尖嘴。刚一站稳，它就把嘴探进水里大口大口地喝了起来。灌饱了水后，这水鸟觉得肚子有点儿饿了，这时它看到水里有一条条的小鱼正在游来游去，就用长长的嘴在水里啄鱼。一下、两下……可是水里的鱼太灵活了，它一连啄了几十下都没有啄到一条鱼。

水鸟心想：哎呀，真倒霉，怎么这么半天一条鱼也没捉到，都快饿死我了。它正这么想着，突然看到不远处的一块石头上，有一只蚌正在那里晒太阳呢。只见那只蚌足有一个小碟子那么大，正慢慢地把壳打开，好像是打算呼吸一下外面的新鲜空气。

水鸟一见就乐了，它心想：这只蚌这么大，里面的肉一定很多，我这就过去……它肯定跑不了，这回我终于能好好地美餐一顿了。想到这，水鸟轻手轻脚地走了过去，那只蚌正全神贯注地呼吸着新鲜空气，完全没有想到危险正向自己靠近。

水鸟走到距离那只蚌只有两步远的地方时，两只爪用力一蹬，把嘴往前一伸，不偏不斜正好啄住了那只蚌的蚌肉。这一下可把那只蚌给疼坏了。说时迟，那时快，那只蚌一下就把壳合上了，这一下正好把水鸟的嘴给夹住了。被夹住了嘴的水鸟一下就慌了神了。情急之下，水鸟慌忙抖动着翅膀飞了起来，并用力摇头想要把蚌甩掉，哪知道无论怎么甩，都于事无补。水鸟甩得脑袋都晕了，嘴巴却被夹得更紧了。

猛然间，水鸟想到：我用力把这蚌砸到石头上，给它砸碎不就行了吗？于是它扇动翅膀飞到半空，用力往下一扎。只听“啪”的一声，贝壳砸在了石头上。不过，这一下，贝壳不仅没被砸碎，反而因为力量太大水鸟把自己的脖子给扭了。这可把水鸟给疼坏了。

水鸟一边用嘴夹着蚌肉，一边说：“说你哪，蚌啊蚌，你快把你的臭贝壳松开。”那只蚌说：“我凭什么松开，你怎么不把你的嘴松开啊？”

“那好，你把贝壳松开，我就把我的嘴松开。”水鸟说。

“啊呸！凭什么我先松啊，你先松嘴，我就松开。”

“你先松。”

“你先松嘴。”

它们俩谁也不肯先松开。

正在这时，从远处走来一个渔翁，他头戴着斗笠，手里拿着鱼竿和一只空空的鱼篓，他远远地就看到一只水鸟叼着一只大蚌，谁也不肯示弱。渔翁一见这场面，赶紧把鱼篓和鱼竿放下，三步并作两步跑到跟前，左手抓住水鸟，右手拿起了那只蚌。看着手里的战利品，这渔翁可乐坏了：“哈哈，我还以为今天不会有收获了呢，哪知道今天运气这么好！不费吹灰之力，就得了一只鸟和一只大蚌。我可以用这只蚌的肉做一盘上好的下酒菜，可以让这只水鸟帮我捉鱼。”说完就将这水鸟和蚌都扔进了鱼篓里。

这时，鱼篓里的水鸟和蚌都松开了对方，你看看我，我看看你。水鸟说：“都怪你，你要是先松开，我们就不会被抓了！”

那只蚌说：“都到这个时候了，互相埋怨还有什么用……早知如此，我们何必争斗不休，最后让渔翁得了便宜。”

渔翁可不管它们俩是怎么想的，将鱼篓挎在腰间，高高兴兴地唱着歌，回家去了。

扫二维码
听嘉庆叔叔讲故事

练练嘴皮子

白家伯伯

北贫坡上白家有个伯伯，
家里养着一百八十八只白鹅，
门口种着一百八十八棵白果，
树上住着一百八十八只八哥。

八哥在白果树上吃白果，

白鹅气得直叫：我饿！我饿！

故事练习所

小朋友，我们通过故事《鹬蚌相争》来回顾结尾的方法。还记得结尾的方法有哪些吗？我们之前讲过，有结果交代法、首尾呼应法、故事总结法、启发联想法和感叹法。

上面的《鹬蚌相争》的讲法，很自然地交代了故事的结果，用的是结果交代法。我们下面用其他的方法来尝试为这个故事设计结尾。

首尾呼应法：这样的方法需要在讲故事以前就把开头设计好。比如：

开头："小朋友，你见过水鸟吗？你见过河边晒太阳的蚌吗？如果一只水鸟和一只蚌互相咬在了一起，你猜谁会赢呢？今天我就来给你讲一个《鹬蚌相争》的故事。"

结尾："小朋友，你看水鸟和那只蚌斗得难分难解，最后却谁都没有赢，倒是让渔翁占了个大便宜。"

故事总结法：根据故事的中心思想来总结故事，设计结尾。比如："水鸟和蚌为了自己的利益谁也不肯退一步，放过对方，可是它们没有想到，不远处的渔翁却利用了这个机会，获得了实惠。有的时候为了眼前的利益和敌人争得你死我活，却被第三方利用，这真是不值。”

启发联想法：以故事的中心思想或主要情节提出问题，引发联想。“小朋友，如果你是那只水鸟，在你和那只蚌斗得难分难解的时候，你会怎么办呢？”

感叹法：将故事总结法中总结出的中心思想，转换为感叹的方式来设计结尾。比如：“如果那只水鸟和那只大蚌能够尽早发现周围的危险，并且互相退让一步，恐怕也就不会有这样的悲剧了！”

下面就请小朋友自己练习用不同的方法为《鹬蚌相争》设计结尾吧！并选择一个自己最喜欢的方式来讲这个故事。

故事的线索

故事9

曹冲称象

东汉末年，丞相曹操有一个儿子名叫曹冲。曹冲自小聪明伶俐，五六岁时就已经拥有超乎常人的智慧。

有一次，东吴的孙权送给曹操一只大象，曹操带领文武百官和小儿子曹冲，一同去观看大象。这大象又高又大，光腿就有大殿的柱子那么粗，人走到近前比一比，还够不到它的肚子。曹操对大家说："这只大象真是大，可是到底有多重呢？你们哪个有办法称它一称？"嘿！这么个大家伙，可怎么称呢！大家议论纷纷。

一个说："只有造一杆顶大顶大的秤才能称出来。"

另一个说："这可要造多大的一杆秤呀？再说，大象是活的，也没办法称呀！我看只有把它宰了，切成块儿称。"

话音刚落，所有人都哈哈大笑起来。大家说："你这个办法呀，真叫笨！为了称重量，就把大象活活地宰了，不可惜吗？"

大臣们想了许多办法，一个个都行不通。真叫人为难！

这时，从人群里走出一个小孩，对曹操说：“父亲，孩儿有一个法子，可以称大象。”曹操一看，正是他最疼爱的儿子曹冲，就笑着说：“你小小年纪，有什么法子？你倒是说说，看有没有道理。”

曹冲把办法说了。曹操一听连连叫好，吩咐左右立刻准备称象，然后对大臣们说：“走！咱们到河边看称象去！”

众大臣跟随曹操来到河边。河里停着一艘大船，曹冲叫人把象牵到船上，等船身稳定了，在船舷上齐水面的地方，刻了一个记

号。之后，曹冲叫人把象牵到岸上来，再叫人把大大小小的石头一块一块地往船上装，船身就一点儿一点儿往下沉。等船身的那个记号和水面一样齐了，曹冲就叫人停止装石头。

周围的人起先还摸不清是怎么回事，看到最后不由得连声称赞：“好办法！好办法！”最后，谁都明白，只要把船里的石头都称一下，把重量加起来，就知道象有多重了。大家纷纷称赞曹冲是一个聪明的孩子。

扫二维码
听嘉庆叔叔讲故事

曹操自然更加高兴了。他眯起眼睛看着儿子，又得意扬扬地望望大臣们，好像心里在说：“你们还不如我的这个小儿子聪明呢！”

练练嘴皮子

南南有个篮篮

南南有个篮篮，篮篮装着盘盘，
盘盘放着碗碗，碗碗盛着饭饭。
南南翻了篮篮，篮篮扣了盘盘，
盘盘打了碗碗，碗碗撒了饭饭。

故事练习所

小朋友，还记得在“故事的结构”这部分内容里，我们是如何寻找故事的线索的吗？寻找故事的线索主要有三种方法：看题目、看反复、看本质。《曹冲称象》这个题目非常明显地点出了这个故事的主人公曹冲，同时也把故事的主要事件点明了——称象。

这个故事的线索既可以是曹冲这个主要人物，也可以是称象这个主要事件。我们一起来梳理一下这个故事的情节及线索：

开篇介绍人物曹冲——有人送给曹操一头大象——曹操询问大象的重量——众人为了得到大象的重量出谋划策，却都不合适——曹冲毛遂自荐——曹冲用大船和石头称出了大象的重量——曹冲得到了曹操和大家的称赞。

小朋友，下面请试着讲一讲《曹冲称象》这个故事吧。

综合训练（一）

故事10

纸上谈兵

战国时期，赵国的名将赵奢有一个儿子叫赵括。赵括从小爱读兵书，希望能像父亲一样上战场指挥千军万马。赵括虽然从来没有带过兵、打过仗，但是每当有人说起有哪位将军哪一场仗打得漂亮，他就会摆出一副趾高气扬的样子说："这算得了什么，要是我去指挥，肯定比他打得漂亮多了。"

话说这一年，秦军派大将白起来攻打赵国。赵国的老将廉颇负责指挥赵军迎敌，他带兵誓死守卫，抵挡住了秦军的进攻。后来，白起想出了一个计策，他放出消息说："秦国的军队虽然强大，谁都不怕，就怕熟读兵书的赵括。如果赵括带兵打仗，秦军肯定大败而归。"

赵国的国君听了这个消息大喜，急忙撤销了廉颇的兵权，让赵括当上了将军执掌兵权，指挥战斗。

赵括一上任就改变了廉颇以守为主的战略，主动出击。本以为马上会有一场硬仗的赵括完全没有想到，秦国的军队一见到赵军，仿佛是耗子见了猫一样，不战而逃。

赵括一见这种阵势，心中十分高兴：哈哈，都说那秦将白起是百战百胜的无敌将军，我看比起我来可差远了。他白起的军队见了我，连打都不敢打，只知道逃跑。这一回我定要让所有人都看一看，我赵括是怎么一举消灭秦军、活捉白起的。

想到这里，他不禁拔出手中的宝剑向前一挥，高喝一声：“给我追！”

赵括一声令下，赵军立即朝秦军败退的方向追去。

秦军一直退回了自己的大营，赵括对着军队大声喊道：“前面就是秦军的营垒，他们已经无路可退，咱们一举攻下他们的营垒，活捉白起！”于是赵军开始了对秦军营垒的大举进攻。可是秦军的营垒非常坚固，守军也异常顽强，赵军攻了很久仍然无法攻破。

正在赵括一筹莫展的时候，赵军的后方突然出现了一片喊杀声，这声音此起彼伏：“包围赵军哪，别让赵括跑了啊！”原来是一支事先埋伏好的秦军截断了赵军的退路。

赵括听了这个消息，不但没有害怕，反而大笑起来：“哈哈哈，白起以为设下这么个埋伏就能困住我吗？只要我的粮道还在，就有源源不断的粮草运来，秦军又能把我怎么样呢？”

赵括刚想到这，就有士兵急忙跑来：“报告将军，秦国又杀出一支军队，截断了咱们的粮道！”这不禁让赵括大吃一惊，头上的汗珠像黄豆一样“噼里啪啦”直往下掉。

赵括急忙命令赵军后队变前队——“赶紧撤退！”他想撤回赵军营垒。可是，已经来不及了，赵国的军队已经被秦军重重包围，又没有粮草的供应，赵军很快就全军覆没了。

扫二维码
听嘉庆叔叔讲故事

后来，人们就用“纸上谈兵”来形容像赵括一样只会说大话，到了实际工作中却什么也做不成的人。

练练嘴皮子

小牛赔油

小牛放学去打球，踢倒老刘一瓶油，

小牛回家取来油，向老刘道歉又赔油，

老刘不要小牛还油，小牛硬要把油还给老刘，

老刘夸小牛，小牛直摇头，

你猜老刘让小牛还油，还是不让小牛还油。

故事练习所

当你看到这里的时候，嘉庆叔叔要教你的讲故事的技巧已经接近尾声了。所有讲故事的技巧都已经呈现给你。下面我们就用最后三个故事来将以前所有学过的技巧都融会贯通地练习练习。

嘉庆叔叔将讲好一个故事的全部流程分成了6个步骤，称之为“讲故事的黄金六步法”，它们分别是：通读全文、分析人物、设计开端和结尾、梳理线索、厘清细节、生动呈现。

我们下面就用这“黄金六步法”来对《纸上谈兵》这个故事进行分析和呈现。

第一步：通读全文

这第一步通读全文，可不是单纯地将故事读一遍就算完事，而是要试着总结出这个故事要表达的主旨，也就是中心思想。《纸上谈兵》这个故事讲的是赵括打了败仗的故事，它的主旨就是告诉人们，很多只会在人前夸夸其谈讲大道理的人，往往却一事无成，或者并不像自己说得那么优秀。

第二步：分析人物

分析人物的目的是要设计人物的语言、声音特点。这个故事中的赵括是一个年轻的将军，为成年男性，但从性格上讲他又是一个非常骄傲、自负的人。关于他的声音你想如何设计呢？请参考“人物的语言”部分里讲的内容。

第三步：设计开端和结尾

为这个故事的讲述设计一个开端和结尾。还记得故事的开端和结尾有哪些方法吗？开端的方法有开门见山法、介绍人物法、提出问题法、倒叙法、细节描写法以及开篇点题法；结尾的方法有结果交代法、首尾呼应法、故事总结法、启发联想法和感叹法。你打算采用哪种方法来设计《纸上谈兵》的开端和结尾呢？

如果让嘉庆叔叔来讲这个故事，我可能会使用提出问题法或者开篇点题法来开头，用首尾呼应法或者启发联想法来结尾。当然，小朋友一定还有不同的想法，嘉庆叔叔希望你能设计出更好的方法来。

第四步：梳理线索

《纸上谈兵》这个故事很明显是以赵括这个人物为线索的。下面我们来梳理一下：

战国时期，赵国的赵括很爱读兵书，并且喜欢自吹自擂——秦将白起率军攻打赵国，并使出计策迷惑赵军——赵国国君中计，让赵括带兵打仗——赵括带兵主动出击，被秦军诱敌深入——赵军攻秦受阻，退路又被截断——赵括大败，全军覆没。

第五步：厘清细节

在线索梳理清楚后，还要对故事的每一个细节了如指掌。比如，赵括在说话的时候，除了要抓住他的声音的特点，他的表情、神态、手势有什么特点呢？你可以根据自己的想象进行设计。另外，战场的气氛是紧张、热闹甚至混乱的，每一次战局的变化也会影响到故事的气氛。这也是在讲故事的时候需要我们重点注意的。

第六步：生动呈现

在设计好了所有的细节之后，还要对每一个细节的讲述进行逐一反复的练习，最后用线索把这些细节串起来，再配合好自己设计好的开端与结尾，这样就能将一个生动丰富的《纸上谈兵》的故事呈献给听众了。

综合训练（二）

故事11

抱薪救火

战国末期，齐、楚、燕、韩、赵、魏、秦七个诸侯国中，秦国最为强大，到处征战，抢夺别国的土地和财物。

咱们今天说的是魏国，因为离秦国比较近，经常遭到秦国的侵略。特别是魏国的国王安厘王登基后，秦国趁着魏国国王刚刚上任还立足不稳，就拼命攻击魏国。

在连续四五年时间里，魏国在秦国的攻击下丢失了大片的领土，死伤了数万士兵和百姓。魏国也曾联合了韩国和赵国进行反攻，但三国军队联合起来也没能打败秦国，反而损伤更加惨重。

连年丧失领土和损失军队，安厘王实在是害怕秦国，很多大臣就给他出主意："大王啊大王，这秦国实在是太强大了，咱们联合韩国和赵国的军队都没有办法抵挡他们。要是他们明年还来攻打咱们，可就坏啦。"

安厘王连连点头，说：“可不是吗？明年再来攻打，我们肯定要损失更多呀！那你们还不快点想个主意！怎么办呀？”

“大王，依微臣看，办法倒不是没有。”

“快说什么办法？”

“那秦国每年攻城略地，无非是为了领土和城池，咱们魏国地广人多，不如就主动割让给秦国一些土地，这样不就能防止它来攻打咱们的都城了吗？”

安厘王一听，两眼放光：“对呀对呀，咱们主动割让城池给他们，就可以免于打仗了。”很快，魏国打算割让土地给秦国的消息就传开了。这个消息传到了一个人的耳朵里，他的名字叫作苏代。

苏代认为，齐、楚、燕、韩、赵、魏六个国家联合起来肯定能抵挡住秦国的攻击。于是，他来到魏国，找到安厘王说：“听说大王要把城池主动割让给秦国，不知道这事是不是真的？”

安厘王说：“为了能够不打仗，不被秦国攻击，这样做也是万不得已啊。”

“大王，我在来魏国的路上，看到了这样一件事。有一户人家的房子着了火，这个人没有取水来浇灭火焰，反而是去拿柴火来向大火里扔。您知道结果如何吗？”

“这还用问吗？结果肯定是，有多少柴火都会被烧没了的。”

“正是！他的柴火和房屋一直烧到完全没有，火焰才逐渐熄灭了。大王，您把城镇主动献给秦国想以此来平息战乱，这做法就好像用柴火来救火啊。秦国的野心是要吞并天下，你献给它多少城池，它都不会满足的。”

一旁的魏国大臣，站出来说：“那秦国无非是想要几座城池罢了，如果明年它再来攻打，我们的死伤会更多，秦王要是一生气攻进了都城大梁，我们怎么办？”

“抵抗秦国最好的方法就是六国联合。大家拧成一股绳，一定可以抵挡秦国的进攻。”苏代说。

“你别说大话了。我们曾经联合了韩国和赵国的军队一起抵抗秦国，结果还不是大败而归。”另一位大臣抢话道。

“三个国家不够强大，要联合六个国家。而且之前三国抗秦，没有统一的部署和筹划，一盘散沙当然无法取胜。六国如果能有章法地联合抗秦，秦国必然毫无胜算。”听到这里，安厘王大喊道：“苏代你这是大话、空话，六国怎么联合，你这根本就是要让我们魏国亡国的假话。来人，把苏代轰出去。”

最终，苏代被赶出了魏国。不久后，魏国接连向秦国献上了几座城池，却只换来了很短暂的太平。仅仅几年之后，秦军果然又向魏国大举进攻，包围了国都大梁，甚至掘开黄河大堤让洪水淹没了大梁城，魏国终于被秦国灭掉了。

扫二维码
听嘉庆叔叔讲故事

这就是“抱薪救火”这个成语的由来。

练练嘴皮子

植树

老顾大顾和小顾，
扛锄植树走出屋，

漫天大雾罩峡谷，

雾像灰布铺满路。

大顾关注喊小顾。

老顾扛锄又提树，

雾里植树尽义务。

故事练习所

我们继续使用“黄金六步法”来尝试将《抱薪救火》这个故事演绎出来。

第一步：通读全文

这个故事主要讲述了魏国是如何被秦国灭亡的过程。其间，苏代尝试说服魏国国王，联合六国一同抗秦，却失败了，这也最终导致了魏国的灭亡。这个故事的中心思想是告诉大家不要企图用错误的方法来消灭灾祸，这样的做法最后只会让灾祸越来越大。

第二步：分析人物

在这个故事里，主要人物有安厘王、苏代以及两位大臣。安厘王的性格是懦弱、胆小、没有抗争精神。苏代的性格是正直、善良、坚强。两位大臣所表现出来的性格基本相同，都是趋炎附势、贪生怕死之辈。请小朋友根据以前学过的知识，设计这些人物的声音特点。

第三步：开端结尾

认真思考，我们所学过的设计开端和结尾的方法中，有哪些适合这个故事，你想选择哪种方法？

第四步：梳理线索

《抱薪救火》这个故事人物相对比较多，没有从开始到结束始终贯穿的人物。魏国灭亡的过程就成了这则故事的线索。

秦国攻打魏国——魏国连年丢失领土损失军队——安厘王和众大臣商议，打算割让土地以求平安——苏代讲出《抱薪救火》的故事——苏代遭到众人反对，被国王赶出魏国——魏王割让土地却没有换来平安——魏国灭亡。

第五步：厘清细节

在这个故事里，有很多细节值得注意，比如，两个大臣虽然性格趋同，但表现应该有差异；比如安厘王在听到大臣们的建议后，那种喜悦的表现等，都需要认真揣摩。

第六步：生动呈现

请你在反复练习每一个细节之后，将这些细节串联起来，形成一个完整的生动的故事，呈献给大家。

综合训练（三）

故事12

三顾茅庐

东汉末年，刘备、关羽和张飞结拜为兄弟，带领着一支人马南征北战。但是，征战了多年，他们却仍然没有能够打下一座真正属于自己的城池。后来，刘备听说，在南阳的卧龙岗有一位了不起的能人叫诸葛亮，号称卧龙先生。小朋友，你听听，这意思就是说诸葛亮是一条卧着的龙，拥有常人难以企及的智慧，善于排兵布阵、出谋划策。

刘备听了这个消息非常高兴，于是就带着自己的两个兄弟去卧龙岗寻访这位卧龙先生。

到了卧龙岗，打听到诸葛亮的住处，来到门口时，刘备对关羽和张飞说："一会儿见了诸葛先生，你们俩不许大呼小叫的，一定要对先生毕恭毕敬的。"

张飞说："不就是一个读书的文人嘛，有什么了不起的。"

刘备听了这话有些生气："你懂什么？咱们这么多年到处征战，却没有一点成果，就是因为身边缺少一个懂得谋划的军师。如果能够得到这位诸葛先生的帮助，咱们才可能有出头之日。"

张飞见兄长刘备有些生气，便不说话了。

刘备上前轻轻敲了敲门。不多时，里面走出一个小孩，约莫十来岁的年纪，一身棉布裤褂，梳着两个小抓髻，一看就是个书童。刘备上前深深一躬，说道："敢问小哥，这里可是卧龙先生的住所？"

书童说："正是我家。你是来找先生的吧？"

"正是。敢问小哥，能否去禀报先生一句，我是刘备，听说先生学富五车，才高八斗，特来寻访先生。"

"不用禀报了。我家先生不在家。"

"啊？敢问先生去哪里了？什么时候回来啊？"

"这可说不好，我家先生出门访友，有的时候，三两天，有的时候个把月，有的时候一年半载也是有的。"

听到这里，张飞有些不高兴了："唉，大哥，这什么破先生，出门连个准儿都没有。我看学问也肯定不怎么样。"

刘备急忙呵斥他："不得胡说。"张飞努了努嘴，不敢说话了。

刘备急忙转身："既然先生不在，就烦劳小哥等先生回来的时候，知会一声，就说刘备前来拜访过。以后再来叨扰。"

刘、关、张兄弟三人走后，刘备对诸葛先生念念不忘，经常派人打探卧龙岗诸葛亮的行踪。

这一天，天降大雪，鹅毛般的雪片洋洋洒洒地飘着。刘备听说诸葛亮这几天就在卧龙岗的家里，急忙叫上关羽和张飞，准备骑快马赶往卧龙岗。

关羽对刘备说："大哥，今天雪这么大，道远路滑，还是改天再去吧。"

刘备说："不行，诸葛先生行踪不定，说不定什么时候又出去了。这一次好不容易得到消息，他在家中，咱们必须赶紧过去。下这点雪又算得了什么。"

三人来到诸葛亮家门外，老远老远地，刘备就叫两个兄弟一起下了马，慢慢地走到院门外，这次院门没有关，他们从外面看到院里面的房檐下有一个年轻人正在捧着书高声朗读。

刘备赶紧上前抱拳拱手深深一躬，道："早就听说卧龙先生的大名，今天总算得见一面，真是三生有幸。"哪知刘备躬身起来之后，这个人竟然笑了起来："错了，错了，我哪是什么卧龙先生，我是诸葛亮的弟弟。"

知道自己认错了人，刘备略微有些尴尬，接着说："敢问卧龙先生在家吗？"

那诸葛亮的弟弟说："您要是早上来的话就能碰到他了，现在他恐怕正在朋友家吃酒呢。"

"那您知道他去了哪位朋友家吗？"

"这我可不知道。"

"那您知道他什么时候回来吗？"

"这个就不知道了，也许他喝完了酒紧接着出去云游四方也不一定。"

听了这话，刘备知道，今天一定又见不到了，于是说：“如果诸葛先生回来，烦劳您跟他说一声，就说刘备前来拜访过。”

“您放心，我肯定把话带到。”

这一次冒雪拜访又扑了个空。回去的路上除了张飞发了牢骚之外，关羽也十分不满，说：“大哥，像他这样的饱学之士我还真的从来没见过。您上次访他，他回家后肯定知道了，就应该主动去找咱们。他倒好，不仅不理不睬，还是到处游玩儿。我看这个先生，肯定没什么能耐。”

刘备说：“你懂什么，在这个世界上，很多有特殊能耐的人都有些古怪脾气，这算不了什么。这样一来，我反倒更想亲自拜会拜会这位先生了。”

转眼间到了第二年春暖花开的时候。这一天，刘备得到了确切的消息，诸葛亮正在家中。

刘备赶紧叫上关羽、张飞以最快的速度赶到了诸葛亮家。

三个人牵着马走到了院落门前，轻轻地敲门。那个小书童走了出来，一见刘备就说：“恭喜先生，我家先生正在家中。”刘备非常高兴，赶紧说：“那就烦劳小哥您去通报一声吧。”

“那不行。”

“噢？为什么呀？”

“我家先生，昨天晚上喝多了酒，这会儿还在睡觉呢。他说了，不管谁来都不许叫他。”

听了这话，张飞真的急了：“这什么破卧龙先生，有什么了不起啊，起码的礼数都不懂。我家大哥连续访了他三次，已经是给足了面子。他还在那里大睡，还不许叫他。喂……臭书生……你给我起来。”

刘备一回身，赶紧把张飞拉到一边，很生气地说：“三弟，我们来向先生求教，你怎么能如此无礼。你如果再这样，可别怪哥哥不讲情面。”张飞还要说什么，关羽急忙过来拉住了他。

刘备回身对书童说：“既然先生正在休息，就不劳烦小哥禀报了。我在房檐下等等吧。”说完，刘备让关羽和张飞到院子外面去等，自己就在屋檐下恭恭敬敬地等着。这一等就是好几个时辰。关羽和张飞在外面实在等不了了，就推开院门进来，结果他们发现刘备还在那里恭恭敬敬地站着。

张飞这次真的忍不了了，跑到屋檐下，冲里面喊道：“你个狗屁诸葛亮，我家大哥在这里站了这么久，你还在那里睡大觉，看我不一把火把你这草房烧个干净！”

一听这话，刘备急了，忙喝止道：“你如果再有一句话敢对先生放肆，我就再也不认你做弟弟！”

关羽一看大哥真的急了，就赶紧把张飞强行拉到了院门外。

这时，刘备看到屋里躺着的诸葛亮伸了伸胳膊，好像是要起床的样子，可是只见他一翻身，又睡过去了。

就这样刘备又足足等了两个钟头，就听里面那个人伸了伸懒腰，念起了诗来：“大梦谁先觉，平生我自知。草堂春睡足，窗外日迟迟。”

听到这里，刘备赶忙进了屋子，躬身施礼：“在下刘备，听说先生大名，今日来访，见到先生尊容，三生有幸。”

这个时候，诸葛亮急忙起身对刘备一躬到地。诸葛亮深深感动于刘备三次来访，知道这是一个非常渴望人才、尊重人才的人。从此，他跟随着刘备，南征北战，东征西讨，最终成就了刘备的霸业。

扫二维码
听嘉庆叔叔讲故事

这就是《三顾茅庐》的故事，后来人们用这个成语来形容因渴求和尊重人才而不辞劳苦的做法。

练练嘴皮子

一捆葱

东边来个小朋友叫小松，手里拿着一捆葱。

西边来个小朋友叫小丛，手里拿着小闹钟。

小松手里葱捆系得松，掉在地上一些葱。

小丛忙放闹钟去拾葱，帮助小松捆紧葱。

小松夸小丛像雷锋，小丛说小松应该记一功。

故事练习所

《三顾茅庐》这个故事是这本书最后一个故事。在这里，我们依旧运用“黄金六步法”来进行故事的分析、梳理和呈现。只是这一次，嘉庆叔叔不再给你任何提示，完全由你自己来进行每一个步骤的推进。相信你一定能够做到将这个故事讲得人物丰满、情节丰富、绘声绘色。

结　语

最后，嘉庆叔叔要告诉你，我们在学习了如何讲好一个现有故事的所有技巧之后，接下来将要学习的是，如何将你看到的、听到的甚至想到的所有人物、情节和事件呈现出来，形成一个个生动有趣的故事。我们在《嘉庆叔叔教你写故事》一书中再见吧！